每天的生活，都是靈魂的精心創造

You create your own reality.

You create your own reality.

每 天 的 生 活 ， 都 是 靈 魂 的 精 心 創 造

Jane Roberts' Books
The Nature of the Psyche (A Seth Book) by Jane Roberts
Notes by Robert F. Butts

ISBN 978-1-878424-21-1
Published by Amber-Allen Publishing, Inc.,
P.O. Box 6657, San Rafael, California 94903 USA

賽斯書 7

心靈的本質

The Nature of the Psyche

作者——Jane Roberts
譯者——王季慶
總編輯——李佳穎
責任編輯——管心
特約編輯——陳秋萍
校對——謝淑芬
美術設計——唐壽南
發行人——許添盛
出版發行——賽斯文化事業有限公司
地址——新北市新店區中央七街26號4樓
電話——22196629
傳真——22193778
郵撥——50044421
版權部——陳秋萍
數位出版部——李志峯
行銷業務部——李家瑩
網路行銷部——高心怡
法律顧問——北辰著作權事務所
印刷——鴻柏印刷事業股份有限公司
總經銷——吳氏圖書股份有限公司
地址——新北市中和區中正路788-1號5樓
電話——32340036　傳真——32340037
2011 年 10 月 1 日　初版一刷
2016 年 12 月16日　初版五刷
售價新台幣 450 元（缺頁或破損的書，請寄回更換）

ISBN 978-986-6436-24-6
賽斯文化網站 http://www.sethtaiwan.com

賽斯書

The Nature of the Psyche

心靈的本質

感受了嗎？存在是來自「愛」這股力量，「愛」尋求表現與創造！

Jane Roberts 著
王季慶 譯

關於賽斯文化

發行人 許添盛醫師

我是個腳踏實地的理想主義者。賽斯文化，是為了推廣賽斯心法及身心靈健康理念而成立的文化事業，希望透過理性與感性層面，召喚出人類心靈的「愛、智慧、內在感官及創造力」，讓每位接觸我們的讀者，具體感受「每天的生活，都是靈魂的精心創造——You create your own reality.」我們計畫出版符合新時代賽斯精神之書籍、有聲書、影音商品及生活用品，並提攜新進的身心靈作家，致力於賽斯思想及身心靈健康觀念的推廣，期待與大家攜手共創身心靈健康新文明。

心靈的本質 The Nature of the Psyche

目錄

關於賽斯文化

〈賽斯書〉策劃緣起　許添盛

〈推薦人的話〉人類未來的幸福命運　許添盛

〈自序〉人類性學的偉大庫藏　珍・羅伯茲

第一章　心靈的環境　001

第二章　你在做夢的心靈是醒著的　031

第三章　聯想、情感，及一個不同的參考架構　057

第四章　與性的成分有關的心靈，他和她——她和他　089

第五章　心靈，愛，性的表現，創造性　125

第六章　「愛的語言」，形象，文字的誕生　159

第七章　心靈，語言，神祇 183
第八章　夢，創造力，語言，「可代拉」 215
第九章　純粹能量的特性，精力充沛的心靈，事件的誕生 247
第十章　任何人都能玩的遊戲、夢，及事件的形成 303
第十一章　宇宙與心靈 335
愛的贊助 387
愛的推廣辦法 389

〈賽斯書〉

策劃緣起

許添盛

欣見賽斯文化將出版賽斯書全集。

二〇〇九年七月，賽斯早期課的學生瑞克（Rick Stack）來台舉辦靈魂出體工作坊，與我在花蓮賽斯村有一場東西方的交流對話。那時，許多賽斯家族朋友們見我在講座上莫名流下激動的淚水，老實說，我自己也頗感意外。不過各位想想，在台灣、大陸、香港、馬來西亞、美加的華人地區默默努力推廣賽斯思想一二十年的我，和在美國、歐洲推廣賽斯思想不遺餘力的瑞克，有朝「相逢」在台灣花蓮賽斯村，你說，這場面能不令我感慨萬千嗎？

其後邀請瑞克夫婦到我新店山上的家小聚，我才又靈光乍現，脫口而出：「一切都是我！」那年，初遇賽斯，心弦震動，彷彿風雲全為之變色，隨後找上中文賽斯書的譯者王季慶，死纏爛打的自願擔任她的翻譯助理，將一本又一本的賽斯書譯成中文，也找上當年的方智出版社合作。由於出版社擔心書的銷路，所以最早的版權費還是王季慶自掏腰包呢！終於促成中文賽斯書的出版。

王季慶是隱士型的人，不想出鋒頭，更不願找麻煩，但因為我對賽斯書的熱愛，於是在她內湖家中成立台灣最早的一個賽斯讀書會，隨後伴同陳建志南下台中、高雄成立賽斯讀書會分支。

因著我的堅持，雖然不願意，王季慶依然支持我由讀書會走向成立「中華新時代協會」。剛開始就只有讀賽斯書，後來才有人陸續帶進奧修、克氏、光的課程、靈氣等，而我始終如一，獨鍾賽斯。當年的我尚年輕資淺，於是王季慶擔任理事長在先，二屆之後才由我接任，開始大力推廣賽斯思想，以及經我整理賽斯書精髓並融合醫學專業（家醫科與精神科）的身心靈健康觀念。

這樣說來王季慶應該不會反對——我是一切的「元兇」，所有華人地區賽斯書的出現及推廣，我即是那背後最強大的推動力。當然，王季慶是我早期最大的愛護者及支持者。在我生命中最孤單、最無助、最關鍵的十五年練功期，她的呵護陪伴我成長茁壯。

我告訴瑞克這段往事，他似乎有所領會，自二〇〇七年起，「花蓮賽斯村」、「賽斯文化」、「賽斯身心靈診所」、「新時代賽斯教育基金會」、「賽斯花園」，陸續在我的熱情推動下成立，這些年來隨我打天下的工作同仁們，也都功不可沒。

其時，我並不知道美國賽斯書版權主要是由瑞克夫婦處理的——於是這麼一來，想當然爾，瑞克夫婦當然信任由我們賽斯文化兼具專業與熱誠的編輯團隊來出版，加上新時代賽斯教育基金會同步大力推廣賽斯思想，真是再完美不過了。

這就是賽斯文化出版全系列賽斯書的源由。事後看起來理所當然，當時卻也是創造實相的成功典範，正如我常說的：「結果先確定，方法自然來，輕鬆不費力，信任加感恩，但要有耐心！」

〈推薦人的話〉

人類未來的幸福命運

許添盛

當我在做《賽斯書》當中「感覺基調」（feeling tone）的練習時，感覺自身由內而外散發一股極強大的熱能，緩緩的由兩手及丹田之間往上升，當沿著前胸後背上到肩頸及頭部的位置時，眼前則出現白色、金色的光芒。依循賽斯書的指引，我將這樣的能量發射到全地球，乃至全宇宙。

因著我是一名醫師的身分，於是將這光與愛的能量轉為療癒的能量，迴向給周遭每一位癌友、身心失調者，以及心靈需要寧靜和協助的人們。當然，在我看診及上課的同時，也常在內心觀想，祈求賽斯的愛、智慧與神通，能幫助在我眼前的人們恢復身心和諧及健康。

每隔一段時間，我的內心會自動進行某個「主題」，彷彿一場自發性的研討會，織入我的內在思維、夢境，甚至渲染了此段時間演講的內容。而最近，則總要我的學生告知他們周遭的每個人，他們遇見了一個「瘋子」——就是我；因為此人宣稱要把二千年前耶穌只完成一半的工作繼續完成——那就是，不單單耶穌是半人半神、是神的獨生子，所有人類都要開始一場「認祖歸宗」之旅，覺悟到自己的意識及靈魂，根本就是神性、佛性的傳承。所有人類「就是」神佛的孩子，不但要開發出自己心靈深處、潛伏在遺傳密碼內的神性傳承，更要與九大意識家族之眾神能量做連結。

未來的時代，每個人都會「神性大發」，自身內在的愛、智慧、慈悲、創造力及神通將會源源不絕地湧現，將世界蛻變成人間天堂、人間淨土或眾神的地球花園。

在《心靈的本質》一書當中，賽斯闡述了陰性及陽性能量的特質，提及陰性能量對自己的存在有如此大的安全感，以致不害怕被陽性能量席捲或帶著走。那麼，此刻人類意識若建立了足夠的自信及安全感，將不再畏懼被心靈的神性意識所指引、啟發與帶領。

此外，書中提及原子、分子之愛的語言，讓我們更確信萬物本質中善的意圖與本質。在賽斯另一本書《個人與群體事件的本質》中，提及每個人內心有愛的衝動、利他的衝動、英雄式的衝動；跟隨內心的衝動，採取正面、建設性的行動，自然會把萬物的利益考慮在內，這令我想起了小時候讀到的格言「我為人人，人人為我」。

現今的社會，人與人之間的冷漠、相互的爭利競爭，甚至是彼此的防衛與傷害，都在為自己的生存、名利奮鬥，還要預防來自外界、大自然的打擊及災害，這也太辛苦、太孤單了吧！這真的是人性嗎？真的是人類能創造出的唯一社會和世界嗎？

當然不是，現今社會及人類生活方式，是建立在我們對於心靈本質的無知、扭曲及缺乏智慧之上。未來的人類，將感知自身和宇宙、造物主及眾神能量是一體的，也能獲得神佛的愛、護持與恩寵；將能感知自己和地球的萬物、四季、大自然是一體的，也將獲得大自然對人類無私的愛與支持。從最切身的層面來看，周遭每個人都將對你展現它們的神性，你將具體感受到，身邊每個人都是愛你、支持你的，在完成自身人生目標的同時，也都在有形無形當中「為你著想」。那種感覺就是，自己被宇宙、眾神、造物主恩寵，被地球、大自然無條件支持，被周遭人們協助、著想的「愛的互助合作」，這才是人類未來真正的幸福命運吧！

宗教、哲學及法律，都免不了有戒律、罪及懲罰，我常說，一天到晚強調罪與罰的宗教，那不是真正的慈悲；而在賽斯書當中，我從頭到尾看到的都是溫暖、支持、慈悲及智慧，希望每位讀者也能喜歡《心靈的本質》，並從中感受到與眾不同的「愛的真諦」。

〔推薦人簡介〕許添盛，曾任台北市立仁愛醫院家庭醫學科專科醫師、台北市立療養院成人精神科醫師、台北縣立醫院身心科主任，現任賽斯身心靈診所院長、賽斯文化發行人、新時代賽斯教育基金會董事長。許醫師鑽研新時代思想十數年，尤偏愛賽斯；同時從事身心靈整體健康研究，對於癌症的治療及預防復發有獨到心得。成立「身心靈整體健康成長團體」、「美麗人生癌症病患成長團體」及「賽斯學院」，並定期受邀至全國各縣市、香港及美國等地演講。著有《絕處逢生》、《我不只是我》、《許醫師諮商現場》、《不正常也是一種正常》等十餘種書及有聲書。

〈自序〉

人類性學的偉大庫藏

珍・羅伯茲

在寫這篇序時，我已然忘卻那許多的無名之夜，在其間，賽斯——即我在出神狀態出現的人格，口述了此書。只有我丈夫羅勃・柏茲的課中筆記告訴我，在這本書的製作期間，我們做了些什麼事。有件事是確定的：在上課的晚上，我進入出神狀態，而以賽斯身分，口述這些章節。任何一個日子的勝利或失敗可說是已消失無蹤了，但那些晚間的星光包含在這些書頁裡，並因而長存。

然而，賽斯真是我出神時的人格嗎？一個無時間性的心靈領域居民，把他的資訊傳送到我們這個被時間所染的世界。或是，我是**賽斯的**出神人格，住在時、空裡，幾乎忘了我的傳承？也許我永遠不會知道。可是，我持續的經驗向我顯示出，賽斯的個性印在課堂上和他的著作上，也許以獨特方式也印在我自己的意識上。

除非我「變成賽斯」，徹徹底底，改變我自己心理的排列——除非賽斯微笑而開口說話——否則就沒有賽斯資料。因此雖然在上課時，我們的起居室裡只有兩個人，卻大可以說我們並不是孤單的。

我很明白，有些夜晚是我「該」舉行定期的賽斯課，而為了也已遺忘的理由並沒舉行。或許我覺得精神不濟，或坐在書桌旁忙著寫我自己的作品。也許一位不速之客來臨，或遇到假日而打斷。實際上，我對時間的飛逝以及準備出版賽斯書的壓力相當關切。賽斯口述本書期間，羅在為賽斯先前的作品《未知的實相》打字，加上無數的註，以便把賽斯資料和他早些的書聯繫起來。我知道，在有課的晚上，羅沒有做那件工作的時間，而他於第二天還得把最近的課打好字。而我呢，只需要做……什麼？變成賽斯。

許多人寫信來，批評我們課的戲劇性。的確，整件事是一個極為發人深省的心理劇。可是，多數人沒想到，要趕上賽斯似乎無窮盡的創造力得花多少時間和精力；筆錄要打字，還有準備稿子的各種步驟。他們也沒想到，先不管生活中本就會使人分心的諸多事務，光是使賽斯課持續下去，就需要怎樣的堅持力。

羅為賽斯其他的書《靈魂永生》《個人實相的本質》及《未知的實相》打字，加上他自己的註，並且幾乎做了出版的所有準備工作。當賽斯結束此書時，他仍在處理《未知的實相》。然後賽斯幾乎立即開始另一本：《個人與群體事件的本質》。

這段時間，我也在寫自己的創作，並為這些作品的出版做準備，因此賽斯的確沒有減緩我自己的創造力。但是，當我瞪著這本書的筆記時，我仍希望**賽斯**也能打字！於是我回想到所有那些記不得的出神時刻，從不同的立足點看它們，而我幾乎被一個以前沒想到的簡單念頭嚇了一跳：那些出神的鐘點原來是有**生產價值**的，它們在有時間的世界產生了結果。那個附體的意識，不管何以名之，知道他自己在做什麼。我不禁驚奇；在我做為賽斯而微笑著給我（珍）一罐啤酒時，不知我在羅眼中是什麼德性？我確知有一種對出神狀態的記憶，但我普通的記憶對那些出神的鐘點卻記不得了。

至於在那些日子裡，我正常的日常生活中發生了什麼事，我也不容易一下子想起來。因此「真實的」時間和出神的時間各自消逝了。而這星期我將進入出神狀態，賽斯將再次口述另一本書的一部分。羅將把它打好字，在距今約一年以後出版。那時，以我們的話來說，這個今日也將成為過去的一部分。

我說「以我們的話來說」，因為不管我剛才所說的一切如何，那些課本身似乎仍一直存在著，彷彿包含了一種能量，在賽斯的話裡面活了起來，因此它們屬於將來就如屬於過去一樣。那些字句雖然慢到讓羅能做筆記，但全是原創性地說出，自發而鏗鏘有力。它們是在一個活生生的演出裡（我希望讀者不要忘了此點），以賽斯自己奇特的腔調發音，還伴隨著手勢。

一疊疊出神的鐘點！它們就在這兒了。但如果我是在出神狀態，賽斯是否也是？我的確是警醒、積極、有反應，對單獨的個人及一般人以至世界都很關心的。然而我卻仍感覺，課間只有他一部分的意識在這兒——透過我而表達的那部分——因此不論賽斯現在自身經驗的本質為何，他在我們世界的演出，只暗示了遠超過我們目前所能了解的一種心理複雜性。

在《心靈的本質》裡，賽斯首次於他出版的書裡，說到人類性學的事，討論它與個人及群體心靈的關聯，並把性與靈性和生物性的來源連接起來。

如我們多數讀者所知，賽斯早在課中就叫我魯柏，叫我的丈夫羅為約瑟。他解釋道，這些是我們的存有（entity）的名字。對賽斯給我一個男性名字，而稱我為「他」，我感到有點好玩。當我教課時，賽斯也給許多學生他們存有的名字，對於名字的性別指示，有過許多活潑的討論。

現在我們發現，這種說法是為了適應我們對性別頗為狹窄的概念。在《心靈的本質》裡，賽斯說得很清楚，心靈非男性亦非女性，「而是一個庫藏，你們從中汲取性別的屬性」。他強調人類的雙性天性，以及在靈性與生物性兩方面的雙性重要性。

但是賽斯的「雙性」觀念，遠比通常那名詞所暗示的要廣大。在他看來，「雙性」觀念是我們性別定義的基本來源。那些定義是什麼？有多少是後天習得的？賽斯就是針對這些問題說話。再者，他把對性的討論，與語言的誕生和「隱藏的神」本質連接起來。

可是，心靈不僅是性別屬性的容器，同時也包含了隱藏的能力和特性，它們隨之由外在刺激而引發。在《心靈的本質》第三章，賽斯說：「數學公式固然沒印在頭腦上，但它們是腦結構天生固有的，並暗含於它的存在之內。」

按賽斯所說，我們的欲望、焦點和目的，決定自己從可用的無盡知識領域裡汲取何種內在資料。因為他看見所有知識同時存在，並不像枯燥的資料或記錄，而是被感知它的意識弄活了起來。過去與未來的心智對我們是開放的，至少它們的內容是開放的，那不是在寄生式的關係裡，而是活潑的相互取予。在其中，每個時期的知識豐富了歷史上的其他時代。賽斯給這「知識的匯聚」一個靈性和生物性的實情。

這種聲明對教育有驚人的暗示：學校除了教機械性的資料外，應使我們盡可能地認識各種學科。因為這像是外在的觸機，帶出了自然的內在知識，開發了等著被外在世界適當刺激啟動的技術。

在賽斯口述此書、專談心靈的潛能和它對內在資料的接收時，一如往常，我自己的經驗彷彿被用來印證他的理論。例如，賽斯才剛開始講《心靈的本質》，我就突然經由通靈，接收到一本關於藝術哲學和技巧的書，它聲稱是來自保羅•塞尚（Paul Cézanne，法國名畫家，死於二十世紀初）的「世界觀」（world view）。

賽斯在《未知的實相》裡開始討論世界觀。簡而言之，所謂世界觀，是個人生活連帶其知識和經驗的一個活生生心理畫面。這些在個人肉體生命過去很久後，仍一直活著並有感應。因此，我收到的資料並非來自塞尚本人，而是來自他的世界觀。

實際上，在寫那本書時，我覺得自己像個祕書，記下精神性的口述。但那是多麼神奇的口述啊！因為這稿件不但表現出工作中的天才迷人模樣，並對藝術這一行給了專門知識，而我對畫畫最多只能算是票友。賽斯本人作了序，在同一節中，首先口述對《心靈的本質》這書的資料，然後轉到塞尚的序。

那本書，《保羅·塞尚的世界觀》，一九七七年由Prentice-Hall出版。我才剛完成它，就發生了另一個相似的經驗。正當賽斯要結束《心靈的本質》時，《一個美國哲學家的死後日誌：威廉·詹姆士的世界觀》以同樣方式來了，像是精神性的口述。只是塞尚的世界觀專長於藝術，而詹姆士的世界觀則較廣博。它對詹姆士死後的我們世界，有具深度的評論，並論及美國歷史——有關靈魂學、心理學和民主方面的問題。

按照賽斯所說，任何人都能對此種「額外的」資料調準頻率，但我們將依自己的欲望和意圖而得到它。例如，我自己對藝術的興趣及羅對塞尚畫作的欣賞，有助於啟動了塞尚的書；而我自己對威廉・詹姆士的好奇及羅對他工作的欣賞，有助於帶來詹姆士的稿本。

賽斯說，內在資料常來到我們的心智裡，但是它經過了個人的心靈過濾，而為自己的生活所染，以致我們往往根本沒認出它的來源。有時這發生在夢中或靈感裡，例如，發明家也許自未來收到某個概念，考古學家也許自過去收到資料而有所發現。

賽斯說，我們的內在知識通常與目前所關心的事會非常相合，以致我們鮮少認出它的來源；而它卻透過每個人都連在上面的心理生命線，提供了個人和人類可靠、經常的資料之流。

他深入討論早期人類的經驗，以及那時流行的不同感知組織（organizations of perception），並強調人類一直都能通達「內在資料」，因此它的知識來源從不只是依賴外在環境。按賽斯所說，就是從這內在的知識實體，我們系統化、客觀、資料儲存的社會過程才浮露出來。

那麼，隨之面來的是，在進化的變動裡必然涉及了預知，因此各種物類才能於現在為將來必需的那些改變預做準備。

在所有這些討論裡，賽斯一如往常地強調可能性，說那在個人和人類發展中扮演了重要角色，並代表了自由意志的基礎。他明白心靈私下在夢境實驗可能的行動，而擬想人類的群體之夢提供了一個內在工具，人類用之選擇全球性的事件。心靈是私人的？但一般而言，每個心靈都含有通向公共心靈的通路。

可是，如賽斯說得很清楚的，這書並不是關於「心靈」的一部枯燥論著，而是以這樣一種方式建構，使每個讀者更直接地接觸自己的心靈。書中包含了許多練習，使每個人認識自己更深層的部分，並邀請讀者探索自己的概念和經驗。

例如，對性別的扭曲信念，能抑制心靈或靈性的進展。賽斯透澈地討論這種問題，也談到男、女同性戀的問題，連帶提到它們私人性和社會性的影響。

我們極急切地想把這特殊的資料提供給讀者，因為許多人來信問賽斯對性的看法。這個願望，配上賽斯彷彿無窮盡的創造力，使我們做了個決定：從今起，賽斯書附帶的註將少得多。在兩卷《未知的實相》裡，羅試著聯繫賽斯對各種不同主題的看法，並追溯到他先前的書（還常及於未出版的資料），顯示寫那些書的背景。現在我們將寫下一般的課間註記，但讀者必須自己在閒暇時，將它們與先前的賽斯書聯繫起來，自己找出理論發展的脈絡。

在我寫這序時，賽斯幾乎已半完成了《個人與群體事件的本質》，那書將展現個人的信念在何處如何變成了公共事件。我已準備好《伊瑪的教育：善用神奇力量》，及《超靈七號系列：漫遊前世今生》的出版。所有這些，賽斯和我自己的書，確實證明了心靈的廣大創造力，及它感知和利用來自內在資料的能力，就如利用來自外在環境的資料一樣。

寫作是我的專長。對別人而言，這種創造力也許顯示在家庭關係和對情感的理解上，於其他藝術、科學、運動上，或只是單純地把生活品質提升到更新、更豐富的層面上。

Chapter 01 心靈的環境

第七五二節 一九七五年七月二十八日 星期一 晚上九點二十五分

（今晚晚餐時，我告訴珍，她今晚將為賽斯——珍在出神狀態為他代言的「能量人格元素」（energy personality essence）——開始口述一本新書，而且她還會為此書作註。我會記錄這些「課」（sessions），加上時間、日期以及其他最基本的資料，以便珍能據以構築她自己的註。這裡我的想法是，只要我把最初的「速記」打好字，趁那一課的情景在珍腦海中還很新鮮時，她就可加上想加的任何資料，及有關於她的出神狀態、感覺或想法。

（我告訴她，我不在乎這本書是短篇、中篇或長篇，或是要花六個月、一年或五年來完成它。如果她每週舉行一或兩次賽斯課，甚或一個月一次，她仍能寫出一本賽斯書，這可令她感到安慰。我說如果她寧願不要註，我也不反對。

（賽斯在三個月前——四月二十三日的第七四四節——結束了他上一本書《未知的實相》的口述。今天稍早時，珍終於承認，自那時起她只上了七課，因為我正忙著為那本書寫複雜的註，她不想給我太多額外的工作。當我領會到她為何拖延不前時，我立即決定讓她繼續為賽斯資料工作——儘管她還沒寫完她自己的《心靈政治》。

（我在晚餐時突然提出寫本新書的想法，珍沒說什麼。九點十分我們等著課的開始時，她說：「你讓我大吃一驚。」

（我說：「正如我所計畫的。」

（「你得對我寬容些。如果我來作註，就不會寫很多。我也不知道今晚會有一本新書。至少，我頭腦裡沒有概念。」

（「你不需要有。」我開玩笑說，「開始一本新書或生個孩子，妳情願做哪一樣？」

（「這個。」她馬上說，意指賽斯課。「但你可以有九個月來讓自己習慣生小孩這件事，而我對賽斯提及要寫的兩本書——關於基督的書，或他上個月提到談文化實相的書——都沒準備好。那麼這本新書可能談些什麼呢？」

（看她在拖延，我笑了。我們聊了一會兒，然後珍有些訝異地說：「我想我知道書名了，叫做《心靈的本質》。我不確定，但我想就是這個……」

（因此，看來我們即將開始從賽斯那裡得到另一個精采的產品，經過珍相當的——實在是不可或缺的——助力，賽斯這麼沒預告地開始一本新書，我了解珍可能有些擔心；但另一方面，我毫不懷疑賽斯和珍能做到。我要她創造性地參與一個連續計畫，這可作為她日常生活的基石。

（珍說：「一旦我得到它，我們就開始。」我們一邊坐著等，一邊啜飲紅酒。時間是九點二十三分。她點了根菸。我們安靜下來。

（她說：「現在我正接收到它，只是需要花幾分鐘把它組合起來……」然後，從九點二十五分開始，並有許多間斷：）

現在——

（「賽斯晚安。」）

——沒有前言。第一章：你進入你稱之為生命的狀況，又走了出去。你在其間經歷了一生。

懸掛——或顯然看似如此——在出生與死亡之間，你質疑自己存在的本質，思索你的經驗，並研究過去的正規歷史，希望在那兒找到有關自己實相本質的線索。

你的生命似乎與你的意識同義，因此看起來好像你對自己的知識是漸漸增長的，就如你的自我意識是從出生而開始發展一樣。更進一步，看來似乎你的意識將遭遇死亡，過了那一點，你的自我意識就無法倖存。對兒時的宗教，你可能懷著一種幾乎是充滿希望的懷戀，憶起一種保證你得永生的信仰體系。然而大部分讀者，卻渴望著某些私密和親密的保證，並尋求某種內在的肯定，以確知自己的個人性（individuality）不至於在死亡時被粗魯地開革。

（九點三十五分。）每個人都直覺地知道自己的經驗有其重要性，而且有某種意義聯繫著個人與更大的創造模式。每個人偶爾都會感知一個私密的目的，但許多人卻因為沒能有意識地知道或清楚地覺察那內在的目標，而充滿了困擾。

（停頓。）當你是個小孩時，知道自己朝向成人成長。由於相信自己未來將具有的能力，使你能維持生存，也就是說，你毫無疑問地視自己是在學習與成長的過程裡。不論遭遇到什麼，你都是生活在崇高的心靈空氣裡，在其中，你的存在（being）得以充電而發光。你知道你是在一種變為（becoming）的狀態中，那樣說來，這世界也是在一種變為的狀態。

在個人生活及世界舞臺上，行動一直在發生中。你很容易就可以看看自己或看看世界，看見你自己是如此地被目前的狀態催眠，以致所有的改變或成長似乎都不可能；或看見世界也是同樣的情形。

一般而言，你並不記得你的誕生。無疑地，你似乎也不記得世界的誕生。可是，在你誕生前，你已有一個歷史——就像在你看來，世界在你出生以前已有一個歷史。

（在九點四十九分停頓。）各類科學仍然彼此相瞞。物理學假設一個世紀存在於一個世紀之後，同時物理學家們卻領悟到，時間不只對感知者（perceiver）是相對的，而且所有事件都是同時發生的。考古學家愉快地繼續為「過去的」文明遺物勘定時間，而從不問自己那過去有何意義——或是說：「相對於我的感知點，這是過去。」

天文學家談到使你們世界顯得渺小的外太空及銀河系。在你們所認識的世界裡，也有戰爭及關於戰爭的謠言、毀滅的預言。儘管如此，對這世界而言，不為人知的無名個人——男或女，內心固執地感覺到一種鼓舞的、堅決的肯定，即：「我是重要的，我有個目的，儘管不了解我的這個目的何在，但我這看似如此不重要和無效率的生命，在我未認知的某方面，卻是最關緊要的。」

雖然受困於一個似乎挫敗的生活，被家庭問題所纏、為病魔所侵，以及在所有實際目的來說彷彿是被打垮了，然而每個人的某部分，卻會奮起反抗所有的災難、所有的挫折，並且至少偶爾會瞥見那不可否定的恆久有效性（validity）。我就是在對每個人那知曉的部分說話。

（十點一分加強語氣地：）一方面，我並不是個容易相與的作者，因為我從你們不熟悉的意識層面說話。另一方面，我的聲音又有如飄在風中的橡樹葉般地自然，就像四季對你的靈魂來說是那麼地自然，我從對你們心靈來說是同樣自然的知覺層面說話。

我透過一個叫做珍・羅伯茲的人來寫這本書。珍是她出生時的命名，她與你們共用肉身存在（physical existence）的勝利與勞苦。（停頓一分鐘。）就像你們，她面對著的一生似乎是自她出生時開始的，而這一生是懸在從出生那一點直到死亡離去的那一刻。她問過你們在安靜時刻曾提出的同樣問題。

不過，她是如此熱切地問問題，以致撞破了你們大多數人所樹立的障礙，因而開始了一個旅程。那是她為自己也為你們從事的——因為你們的每一個經驗，不論是多微渺或看似無足輕重，都變成了你們族類的知識。你們從何處來？往何處去？你們是什麼？心靈的本質又是什麼？

我只能寫此書的一部分。你們必須完成它。除非與個人的心靈有所關聯，否則「大心靈」（The Psyche）是無意義的。我從你們自己已忘懷卻又未忘懷的那些層面向你們說話。我透過印出來的書向你們說話，然而我的話卻會在你之內重新喚起你未出生之前，以及在你兒時向你說話的聲音。

這將不會是枯燥的論文，孜孜不倦地告訴你所謂心靈的某些假設性結構。而是會自你存在的深處，喚起你已遺忘的經驗，並且從無垠的時空裡，將那神妙的本體——即你自己——結合起來。休息一會兒。

（十點十七分。「現在我連書名都忘了。」珍一脫離了極佳的出神或解離狀態，立即說道。

（「親愛的，恭喜妳。」我說。

（珍笑了。「你叫我做些事，我就做了。但現在我得上洗手間——並且除此之外，我好像可以上床睡上好幾個小時……」

（「行啊！去嘛！」我戲謔地說，「如果妳想開小差就溜吧。」我提醒她此書的全名，並且建議她可如何寫下對此書的評論，強調她可按照自己喜歡的方式去處理。除了課間最起碼的註以外，我真的沒有時間寫更多註了。不過，我對珍坦白地說，我不能說我真的期望她一面透過賽斯製作此書，而同時又做寫註所牽涉到的所有工作——然而結果是的確在某個程度幫助我寫註。

（終於，珍說：「我正在等候，我感覺現在有更多東西來了……」十點四十一分，她以較快的速度重新開始。）

現在：地球有個結構。以那種說法，心靈也是一樣。你住在你們星球表面的某個特定地區，你在任一既定時間只能看見那麼些地方，然而你把海洋的存在視為理所當然——即使在你不能感覺到它的浪花或看見它的潮水時。

而縱令你住在沙漠裡，你也靠著信心承認，廣大田地和傾盆大雨的確是有的。你的某些信心確實是以知識為基礎的。有人去過你沒去過的地方，而電視提供你影像。可是，即使如此，你的感官只帶給你切身環境的圖像，除非它們受到相當不尋常、某種特定形式的培植。

你認為地球有個歷史是理所當然的。以那種說法，你自己的心靈也有個歷史。你教會自己向外看入物理實相。但在那兒找不到你存在的內在意義——只有它的效果。你能打開一台電視而看到一場戲，但心靈的內在活動力及經驗，不但神祕地包裹在你打開電視的外在動作裡，也讓你能了解所呈現的影像。因此，通常你都沒抓住自己心靈的活動。

電視劇在呈現於你的頻道之前，它在哪裡——以後又到哪裡去了？它怎麼能在這一刻存在，於下一刻結束，當條件正確時卻又能重演？如果你了解其中的手法，就會知道那節目顯然並沒到任何地方去。它僅只存在，而有適當的條件就會為你觸發它。同樣的，不管你是否在演一齣地球的「節目」，你都是活著的。不論你是在時間之內或之外，你都存在。

希望以此書，我們能使你與自己的存在（being）接觸，儘管它存在於你所習於觀察它的脈絡之外。

（十點五十分。一分鐘的停頓。）就如住在某一州或鎮或村裡一樣，你目前「住在」心靈內在星球的一小塊地方。你將那地區認定為自己的家，為你自己的「我」。人類已學著去探測物理環境，但當他們欣喜、勇敢地從事探測心靈內在基地時，才剛開始那更偉大的內在旅程呢！以那種說法，是有一塊心靈的陸地，不過，這塊處女地是一個人的天賦權利，而沒有一塊與任何其他的相同。但的確有內在的交流發生，而正如外在大陸是從地球內在結構中升起的，同樣，心靈的陸地是從一個更偉大、不可見的源頭浮露出來的。

（較大聲：）今晚的口述到此結束。

（「好的。」

（十一點十四分時，賽斯給一位曾寫信給我們的科學家一段資料，最後在十一點四十五分結束此節。）

第七五三節　一九七五年八月四日　星期一　晚上九點二十一分

（一開始有許多停頓。）

晚安。

（「賽斯晚安。」）

好，口述：正如地球是由許多環境所組成，心靈也是如此。正如有不同的洲、島、山、海與半島，同樣，心靈也有種種不同的形狀。如果你住在一個國家，常把世界上其他地區的當地人視為外國人，自然他們也同時如此看你。以那種說法，心靈包含了實相的許多其他層面。從你的觀點，這些也許顯得陌生，然而它們卻是你心靈的一部分，就如你的國家是地球的一部分一樣。

不同的國家遵從不同類的憲法，即使在任何一個地理區內，也可能有形形色色的當地法律為當地人所遵行。舉例來說，如果你在開車，可能懊惱地發現，一個小城的當地速限比另一個城的要慢好多。同樣，心靈的不同部分依其當地的「法律」及不同類的「政府」而存在，各自擁有自己的地理特徵。

如果你在環遊世界，則必須常常調整時間；當你旅遊過心靈，也將發現自己的時間自動被擠得變形。如果試著想像，你能在這樣的旅遊中，帶著自己的時間，全都乾淨俐落地裝在一只手錶裡，那麼你對將發生的事會相當驚訝。

（九點三十四分。）當你朝著某個心靈世界的邊界前進時，手錶會倒著跑；當你進入心靈的其他王國時，你的錶會走得快些或慢些。現在，如果時間突然向後倒走，你會注意到；如果它跑得夠快或夠慢，你也會注意到其中的差別。如果時間非常慢地倒退，而按照當時狀況，你可能沒覺察到那差別，因為要用掉這麼多「時間」來從現在這一刻到它「前面」那一刻，以致你反而可能只會察覺某事似曾相識，好像它以前曾發生過一樣。

可是，在心靈的其他領域，甚至更奇怪的事也可能發生。錶的本身可能變形，或變得像石塊一樣重，或如氣體一般輕，以致你根本無法看清時間。或者指針可能永遠不移動。心靈的各種不同部分習於所有這些情形，因為心靈跨在任何你認為是「正規的」當地律則上，而它自己有能力應付無限數量的實相——經驗。

現在（用心而安靜地）：顯然你們的肉體具有很少人予以充分利用的能力。但還不僅如此，人類自身擁有調整的可能性，使它能在極其不同的情況下，於物理環境中生存與延續。肉體生物結構之內隱藏著潛在的分化（latent specialization），容許這族類繼續下去，而且把不論什麼理由可能引發的任何星球變化，都考慮進去了。

不過，雖然以你們的經驗來說，心靈是調適於地球的（earth-tuned），它還有許多其他的實相系統「要對付」。那麼，在每個心靈內都包含著任何情況下都有可能實現的潛能、能力和力量。

（在九點五十一分停頓。）心靈，你的心靈，能夠反向、正向地記錄與體驗時間——或橫向經過「替代的現在」系統（system of alternate presents）——或它能在無時間的環境裡，維持自己的完整性。心靈是時間叢（time complexes）的創造者。理論上說，你的日子裡那飛逝而過的一刻能被無限延長。但這不會是靜態的拉長，而是生動地深入那一刻，從那裡，所有你想到的時間、過去與未來，以及所有可能性都顯現了出來。

如果你正在看這本書，你就是已經厭倦了正規的觀念，而開始有所覺知你存在的那些更廣大次元（dimension）。你已準備離開所有因襲老套的主義，多少會等不及去檢視與體驗那本為你天賦權利的自然流動天性。那天賦的權利已被象徵和神話蒙蔽良久。

意識形成象徵，而非其反面。象徵是偉大豐富的玩具，你能用它們來建造，正如用孩子的積木一樣。你能從中學習，就像以前在學校裡把字母積木堆在一起來學習。象徵對你的心智（mind）而言，就像樹木對土地一樣的自然。可是，對孩子講一個關於森林的故事，和真實的小孩在一座真實的樹林裡，兩者之間是有區別的。故事與森林都是「真的」。但以你們的說法，一個進入真實森林的小孩涉入了森林的生命週期，踩在昨天落下的樹葉上，在遠比他的記憶還古老的樹木下憩息，而在夜晚仰望天空，看到不久即將消失的月亮。另一方面，看一張森林的畫，可能給孩子一些絕佳的想像經驗，但它們將屬於另一類，而孩子知道其間的不同。

（十點九分。）可是，如果你錯把象徵當作了實相，你將會安排你的經驗，而堅持每座森林看來與你書裡的圖畫一樣。換句話說，對自己心靈的各個不同部分，你期待有差不多相同的經驗。你將隨身帶著你本地的法律，你將試著以手錶來計量心靈的時間。

（長長的停頓，許多次之一。）不過，我們必須用某些你們的用語，尤其是在一開始。另一些你們所熟習的用語，我們將把它們擠壓得完全認不出來了。你存在的實相，只能由你而非任何其他人來闡釋，而後你自己的闡釋至多也只能被理解為一種參考點。只有當那些專家、心理學家、神父、物理學家、哲學家和宗教導師們能忘掉他們是專家，而直接與個人心靈——所有分化的來源——打交道時，才能對你解釋你自己的心靈。

你們可以休息一下。

（十點二十一分。珍的出神狀態剛好歷時一小時整。她說：「他真的是來勁兒了——我感覺得到。」我建議她把這節剩下的時間，用在她想問賽斯的一些個人問題上。她同意了，因此這次休息即為今晚本書口述的結束。）

第七五五節 一九七五年九月八日 星期一 晚上八點五十九分

（在七五三節之後，因忙於其他事情——我為賽斯的《未知的實相》寫註，珍為她自己一本將出新平裝本的書寫新序，以及一連串未預期的訪客——我們好幾週沒上賽斯課。那平裝本是《賽斯的到來》（*The Coming of Seth*），原本用《實習神明手冊》（*How to Develop Your ESP Power*）的書名發行精裝本。

（接著在八月二十五日第七五四節，賽斯對他所謂「身分的印記」（the stamp of identity）做了一段精采的議論——解釋個人如何在某些實相的外在形貌印上他的心靈印記，而「把它們變成他自己的」，與個人的內在象徵相合。在課中，珍後來感到賽斯在引導她做一趟耶路撒冷之旅，時間為西元一世紀。然而這些都沒有包含寫書的工作，因此這節保留在我們的檔案裡，與我們希望有一天會出版的其他資料在一起。

（在珍進入出神狀態前一小時，珍告訴我，她可從賽斯那兒接到好幾條頻道，每一條都關乎一個不同的主題，而我們「最好等著瞧」哪個今晚會透過來。然後正在此節開始前，她說那將是關於賽斯的新書口述。）

現在：晚安。

（「賽斯晚安。」）

我們將以口述開始。

當我用「心靈」（psyche）這個術語，你們有許多人會立即對我的定義感到好奇。

任何字，只因被想到、寫下或說出，立刻暗示一個明確陳述（specification）。在你們的日常生活中，給每件事物一個名字來區分它們是很方便的。可是，當你在處理主觀經驗時，定義常會局限而非表達任一既定的經驗。顯然心靈不是件東西，它並沒有一個開始或結束，你看不見它也摸不著它，要以通常的語彙來描寫它，是徒勞無功的，因為你們的語言主要在允許你們認明實質而不是非實質的經驗。

我並不是說文字不能用來描述心靈，但它們無法對心靈下定義。「我的心靈和我的靈魂，我的存有（entity）與我的大我（greater being）之間有何不同？」問這樣的問題是無用的。所有這些術語，都是想表達你感覺到在你之內、自己經驗之較偉大部分所做的一種努力。可是，你們對語言的用法可能使你們急於想有個定義。希望此書能讓你有些親密的覺知、一些明確的經驗，而使你對自己心靈的本質有所認識。然後你將看出，心靈的實相逸出了所有的定義、違抗了所有的歸類，而以充滿活力的創造力，把所有想俐落地將它打包的企圖推到一邊。

當你開始一次實質的旅行時，你覺得自己與走過的土地是有所分別的。不論旅程有多遠——騎機車、開汽車、乘飛機或步行——（身為賽斯，珍對我做手勢，然後改了句子：）用腳踏車或駱駝，卡車或輪船，你們仍是那流浪者，而陸地、海洋或沙漠，是你遊蹤所及的環境。可是當你開始進入自己心靈的旅行時，每件東西都變了。你雖是那流浪者，旅行的男人或女人，但你也是那交通工具以及那環境。你一邊走一邊形成那道路，形成旅行的方法，以及形成自身（self）或心靈的丘陵、山脈、海洋，或小山、農場和鄉村。

（九點十五分。）在美國早期殖民時期，男人和女人橫越北美洲向西移殖時，許多人完全不懷疑越過好比說崇山峻嶺之後，土地的確會綿延下去。當你像開拓者一樣旅遊過自己的實相時，你一邊前進一邊創造每一片樹葉、每一寸土地、每一次日落與日出、每一個綠洲、友善的小木屋或與敵人的遭遇。

那麼，如果你是在尋找說明心靈的簡單定義，我幫不上忙。不過，如果你想要體驗自己存在的輝煌創造力，那麼我會用一些方法激起你最大的冒險心、你對自己最大膽的信心。而且，如果你想要的話，我將繪出你心靈的圖畫，以引導你去經驗它，一直到所能及的最遠大範圍。那麼，心靈並非一已知之地。它不單只是你可以旅行到那兒或經過那兒的一塊陌生之地，也非一個已經在那兒等著你探測的已完成或近乎完成之主觀宇宙。反之，它是一種不斷形成的存在狀態，你目前的存在感居於其中。你創造它，而它創造你。

（長久的停頓。）它以你認知的實質方式創造。另一方面，你為你的心靈創造了物理時間，因為沒有你，就沒有對季節及春去秋來的體驗。

那也就不能體驗魯柏（賽斯給珍的「存有」的名字）所謂「某一時刻的可貴私密性」。因此，如果你存在的一部分想要超越這時刻之孤獨前進，你心靈的其他部分則愉快地衝入自己那特定的時間焦點（time focus）。就如現在你想了解自己更大存在之無時間性、無限的次元，因此「即使現在」那非塵世的本體（non-earthly identity）多重成分，也同樣渴切地探索塵世存在的次元和生物性。

（九點三十分。）早先我曾提及，如果你試著帶你的錶或計時器進入實相的其他層面，所可能發生的一些怪異效果。現在，當你試圖以其他類型的存在方式來詮釋你的自性（selfhood）時，也可能發生同樣的驚訝、扭曲或改變。當你企圖了解你的心靈，而以時間的觀念來定義它，那麼轉世的觀念似乎有道理。你想：「當然，我的心靈活過許多次肉身的生命，一次跟著一次。如果我現在的經驗為我的童年所主宰，那麼，我目前的一生必然是更早一生的結果。」因而你試著以時間來定義你的心靈，但如此做時，你限制了對它的了解，甚至對它的體驗。

（長久的停頓。）讓我們試試另一個比喻：你是個正面臨靈感分娩之痛的藝術家。在你面前是張油畫布，而你正同時在它所有的範圍內工作。以你們的話來說，油畫布的每一部分可以是一個時段（time period）——好比，某個世紀。你試著在心中維持整體的平衡與目的，因此當你在這油畫布的任一特定部分揮毫時，整個地帶內的關係都可能改變。不過，在我們比喻中的神祕油畫布上，從來沒有一筆是真被抹掉的。而是留在那兒，更進一步地改變它在這特定層面的所有關係。

可是，這些神奇的筆觸，並不是在一個平面上的簡單描畫，卻是活生生的，它們內在帶著畫家的所有意圖，這些意圖透過個別筆觸的特性，得以顯相。

如果畫家畫一個門戶，所有它內在能感覺到的透視法都打開了，並增加了實相更深遠的次元。既然這是我們的比喻，就能按我們的意思隨意地伸展它——比任何畫家更能伸展他的油畫布。（幽默地向前傾身：）因此，沒有必要限制自己。畫家作畫時，油畫布本身能改變尺寸及形狀。同時在畫家的畫裡，人物也不只是一個描畫而已——以永遠凝固玻璃般的眼睛或誇張的笑容回望著他，（又是幽默地：）穿著他們最好的假日服裝。反之，他們能面對畫家而反唇相譏，能在畫中側轉，看看同伴，觀察環境，甚或超出了畫本身的次元而向畫家質疑。

且說，在我們的比喻裡，心靈同時是那些畫，也是那畫家，因為畫家發現畫裡所有成分都是他自己的一部分。更有甚者，當我們的畫家游目四顧時，發現他真是被自己正在製作的其他畫所包圍。當更進一步地觀察，他發現有一張更偉大的傑作，他在其中以一個畫家的姿態出現，而正在創作自己開始認出來的同樣這些畫。

你們可以休息。

（九點五十五分。珍為了今天發生的事而感到亢奮。她收到六本她的詩集《靈魂與必朽的自己在時間當中的對話》（*Dialogues of the Soul and Mortal Self in Time*）首版，剛剛在Prentice-Hall印出來，在休息時我們討論那本書。

（十點五分重新開始。）

我們的畫家於是領悟到，所有他畫了的人們也正在畫他們自己的畫，並且以甚至連畫家也不能感知的方式，在他們自己的實相內活動。

在靈光乍現的洞見裡，他想到他也在被畫——有另一個在他背後的畫家，從那兒，他自己的創造力湧出，而他也開始看出畫框之外。

現在：如果你被搞迷糊了，沒關係——因為那表示我們已經突破了因襲的觀念。在這個比喻之後，任何我說的話相較之下會彷彿很簡單似的，因為到現在為止，至少情形看來必然像是，你很少有希望發現自己更大的次元了。

（停頓。）再次，與其試圖給心靈下定義，我寧願試著激起你的想像力，使你能跳越人家告訴你的你是什麼，而得到某種直接的體驗。到某個程度，此書本身提供了自己的展示。我叫珍・羅伯茲「魯柏」（而因此，是「他」），只因為這名字指明她的實相之另一部分，同時她認自己為珍。她寫自己的書，並且與你們一樣過著日常生活。她有獨特的愛憎、特徵和能力；和每個人一樣，她有自己的時空位置。她是心靈的一個活生生畫像，在她自己本身，並於既定的環境內獨立自主。

且說，我來自實相畫面的另一部分，心靈的另一個次元。在其中可以觀察你們的存在，正如你可以看一張正常的圖畫那樣。

以那種方式來說，我是在你們的參考「架構」（“frame” of reference）之外的。在你們自己的實相畫面裡，看不到我的視角。我寫我的書，但因我主要焦點是在一個「比你們自己的要大些」的實相裡，在你們的參考點內，我無法以自己的樣子完滿地出現。

（十點二十分。）因此，魯柏的主觀視角由於他的欲望和興趣而打開了，並且也展露了我自己的欲望和興趣。他在自己之內，打開了導致他存在的其他層面之一扇門，但那個存在是不能於你們的世界完全表達的。那個存在是我的，於實相的另一層面以我的經驗表達，所以我必須透過魯柏來寫我的書。心靈裡的門，和從一房間導向另一個房間的簡單開口不同，因此我的書只讓你們略微瞥見我自己的存在。

不過，你們全都有這種心理上的門，導入心靈更大次元的地區，某種範圍來說，我為那些不在你們日常生活範疇內出現、你們自己的其他面說話。

超越我自認為自己的存在之外，還有其他的。到某個程度我分享它們的經驗——舉例來說，到一個遠超過魯柏分享我的經驗之程度。

（十點二十九分。）你最好給他一些啤酒和香菸，我們再繼續。

（「好的。」）

例如，在某些相當少有的場合，魯柏曾經能夠與他稱作「賽斯二」（Seth Two）的那位接觸。然而，實相的那個層面與你們自己的隔得甚至更遠了。以你們的話來說，它代表心靈甚至更遠的延伸。（長長的停頓。）「賽斯二」與我有近得多的關係，在於我認出自己的本體為他的存在之一個清楚部分，而魯柏則感覺沒有多少相通處。以某種方式來說，「賽斯二」的實相包含了我自己的，然而我覺知我對「他的」經驗之貢獻。

同樣，我的每個讀者與心靈實相的相同層面都有關聯。廣義來說，所有這些是同時發生的。魯柏貢獻並形成我的經驗之某部分，就像我也對他有貢獻一樣。你們的本體並非已完成的某物。你最細微的行動、思想和夢想，都增益了你心靈的實相——不論當你把它想成一個假設性術語時，心靈對你顯得是多偉大或多嚴肅。

口述完畢。

（十點三十七分。我說：「好的。」）

讓你的手指休息一會兒，我們將再繼續。

（十點三十九分。賽斯的確以給我倆的個人資料繼續下去。通常他在那之後會結束一節。然而今晚珍感到如此精神奕奕，因此賽斯又回來再做了些口述——就我記憶所及，這是第一次課變成這樣。

（無論如何，賽斯是這樣結束他的個人資料的：

（十一點二十分。）現在：既然我猜想你不預備繼續我們的第二章，我願——

（我說：「我還可以繼續大約半小時。」）

那麼你們休息一會兒。

（十一點三十一分。但結果並沒有休息。賽斯繼續說：）

口述：魯柏專門研究意識和心靈。我大多數的讀者也都很感興趣，但還有其他緊要的事，使他們無法開始這樣一個廣泛的研究。

你們全得應付物質實相。魯柏和約瑟（賽斯給我的存有的名字）也一樣。到此為止，我所有的書都包括了約瑟寫的長註，可以說，它們形成了背景。不過，我的書已超越了這些界限。以你們的話來說，在時間裡只能完成這麼多的事。甚至約瑟現在還在幫我以前的草稿（《未知的實相》）打字。那本書是以這樣一種方式寫的，將魯柏和約瑟的個人經驗與更廣大的理論架構連接起來，以致二者實不可分。

因此，在這本新書裡，我有時會提供自己的「布景」。換言之，心靈製品逃出了實際的物質界限，從我的實相層面，我不能再期望約瑟做比記錄更多的工作，所以我要請求我的讀者對我忍耐。以自己的方式，我將試著提供適當的參考資料，因此你們會知道當這本書寫出的時候，在你們的時間內正發生什麼事。

大致來說，這書的寫作發生於「非時間或在時間之外的脈絡」裡。然而，實質上魯柏和約瑟用了許多時間去製作。他們搬到一個新家。當我講話時，魯柏如常地在吸菸。當他坐在搖椅上前後搖動時，他的腳擱在一張咖啡桌上。在我說話時，時間將近午夜（十一點四十二分）。早些時，一場大雷雨在咆哮，它的回聲彷彿要把天震破。現在安靜了，只有魯柏的新冰箱嗡嗡聲，聽來像某種機械獸的低鳴。

當你在看此書時，也沉浸於如此切身的實質經驗裡。不要認為它們與你存在的更大實相是分開的，卻要認作是它的一部分。你並非存在於你心靈的存在之外，而是在它之內。當你們讀這些句子時，有些人剛把孩子放上了床，有些人也許坐在桌旁，有些人也許剛去過洗手間。這些世俗活動也許看來與我告訴你們的十分不相干，可是在每個簡單的動作以及最必要的身體行動裡，有偉大、神奇、未知的高貴（elegance），而你居於其中——在你最平常的動作裡，有關於心靈的本質及其在人類表現上的線索和暗示。

（大聲而幽默地：）第一章結束。本節結束。

（「謝謝你，賽斯。晚安……」）

Chapter 02 你在做夢的心靈是醒著的

（十一點五十分了。珍一直在一個非常好的出神狀態。我們談了幾分鐘後，她加上一句話：「我的天，我收到了第二章。不行，太晚了！我還沒有第一章的標題呢，但我有下一章的……」她看來目光模糊，眼睛深暗。我告訴她，她看來太累了，不能繼續。

（她反駁道：「不，我不累。」她的否認滑稽又固執，因為我能看出她是累了。但她繼續說：「現在讓我在這一章寫一、兩句……標題是：〈你在做夢的心靈是醒著的〉。」然後賽斯立刻透過來了。）

你把自己催眠了，因此你似乎覺得，在你的醒時與睡時經驗之間有個極大的區分。今晚每個人都會入睡，而會有一些你忘掉了的經驗，你忘了只因人家告訴你，你記不住它。然而，當你睡眠時，你自己實相的許多其他次元會清晰地出現。當你睡眠時，你忘了所有你經過訓練而放在自身和存在上的那些定義。在睡眠中，你用最純淨形式的影像和語言。

在夢境，語言和影像以一種似乎是陌生的方式結合，只因為你已忘了它們偉大的聯盟。最初，語言為的是要表達和解放，而非下定義及限制。因此當你做夢時，影像和語言常常相混，以致其中一個變成另一個的表達，而一個完成了另一個，實際地用上了它們之間的內在聯繫。

當你醒過來時，你試著把心靈的語言擠入定義的術語裡，你想像語言和影像是兩種不同的東西，因而你試圖把它們「放在一起」。然而，在夢中，你用到自己存在的真正古老語言。

今天說得夠多了。本節結束。如魯柏會說的：「祝你安平喜樂。」

（「謝謝你，賽斯。晚安。」）

（本節在十一點五十九分結束——又一次地，珍充滿了精力。）

（珍決定用我通常在課間寫的註——雖然很短——做為《心靈的本質》的註就夠了，也許她會加上少數自己的註。不過她的確計畫寫一篇序。）

（在賽斯未結束第二章的口述前，珍在腦海裡從他那兒得到了第一章的標題，而把它插入這份稿本。）

第七五六節　一九七五年九月二十二日　星期一　晚上九點十七分

（在此節開始前不久，珍告訴我，她想我們會得到新書的資料，同時還有一些我們感興趣的其他資訊。

（自上一節後，我們有過幾位訪客。我忙著為賽斯《未知的實相》準備好我自己的註；並且我也每天給自己一些時間作畫。珍忙著寫自己的筆記——她在夢中曾三次往返似乎可確認為「可能的實相」的地方，而在她自己的記錄中加以描寫。）

晚安。

（「賽斯晚安。」）

現在，我們將開始口述——繼續第二章。

（停頓。）你的「做夢的」心靈似乎是在做夢，只因你沒認知那特定的清醒狀態為自己的。那「做夢的」心靈，實際上與你正常清醒的自己同樣清醒，不過，清醒的組織是不同的。可以說，你以不同的角度入夢。

當你從醒時狀態來看夢境時，在夢境活動裡所感覺到的「偏離中心」（off-center）性質，其不同的觀點、改變的視角等，都會增加圖面的混亂。

就你們來說，許多世紀以前，文字和影像有較密切的關係——如今這個關係多少有些受損了——而這較古老的關係出現在夢裡。這裡我們可用英語為例。譬如，名字的偉大描述性質，能指出在你夢中出現的影像和文字之統一性。從前，一個縫製衣服的男人被稱為「泰勒」（Tailor，裁縫），一個強盜被稱為「羅勃」（Robber，強盜）。如果你是某人的兒子，那麼就簡單地加上「生」（Son），例如你們有「羅勃生」（Roberson）。每個讀者都能想出許多這類的例子。

現在，名字不再那麼具描述性質了。然而，你可能做了個夢，夢中看到一家裁縫店，裁縫也許在跳舞，或快死了，或準備結婚。後來，在醒時生活，你可能發現自己的一個朋友，泰勒先生，舉行了一個宴會，或死了，或要結婚，或不論哪種情形。然而，你可能從未把那個夢和後來的事件連在一起，因為你不了解在夢中，文字和影像能聯合在一起的那種方式。

（九點三十二分。）你的醒時生活是最精確的一種組織結果，那是你很能幹且以驚人的清晰造成的組織。雖然每個人從稍微不同的焦點來看那實相，它仍然是以某種範圍或頻率發生的。你把它清晰地帶入焦點，幾乎是用和你調整電視畫面一樣的方式，僅僅是在這個案例裡，不只是聲音和影像，而是複雜度大得多的現象，被配合一致了（synchronized）。如同這個比喻，每個人看到略微不同的實相畫面，並且選擇他自己的節目——但所有的「電視」卻是一樣的。

然而，當你做夢時，某程度你是從一台全然不同的「電視」來體驗實相。現在，當你試著調整夢中那台電視有如你醒時那樣，結果你得到的是靜電噪音和模糊影像。可是，這台電視本身卻是如你醒時所用的那台一樣地有效，而且有一個遠為廣大的收視範圍，能帶進許多節目。也許在一個週六下午，當你看平常的電視節目時，你以觀察者的身分看那節目。讓我給你一個例子。

魯柏和約瑟常常在他們吃晚飯時，看舊片「星艦迷航記」（Star Trek）的重播。（幽默地：）他們很舒服地坐在客廳的沙發上，晚餐放在咖啡桌上，四周圍繞著你們社會裡慣用的所有親切、安適的行頭。

當他們如此安坐著（帶笑向前傾身：）觀看戲劇，在其中星球爆炸了，另一個世界的才俊起而向企業號的大膽艦長及無畏的「史波克」挑戰、或幫助他們——但這些都不會威脅我們的朋友：魯柏和約瑟。他們喝他們的咖啡、吃他們的甜點。

現在，你們正常的醒時實相可以被比喻為一種電視劇，在其中你直接參與所有演出的戲。本來就是你創造了它們。你們形成個人與共同的探險，而藉由一個特殊方式運用自己的實質工具——你的身體——把它們帶入了你的經驗。你對著一個大的節目安排區調準頻率，可是那兒有許多不同的電視台。在你們來說，這些電視台變成了活的。你就是你所體驗的戲劇，而所有你的活動似乎都圍著你轉，你也是那收看的人。

然而在夢境，就好像你有一台更為不同的電視機與你自己的相連。用它，你不僅可從自己的觀點，還可從其他的焦點來收看事件。可以說，用那台電視機，你能從此電視台跳到彼電視台，不僅是收看，而且是體驗在其他時空中發生的事。

（九點五十一分。）那麼，事件是以不同方式組織的。你不僅能體驗你密切涉及的戲劇，就像清醒狀態時那樣，而且你活動的範圍還增加了，因此你能從自己通常的脈絡「之外」來看事件。例如，你能一面觀察一個戲劇，又一面參與其中。

當你應付正常的清醒實相時，你在心靈本有的許多層面之一活動。當你做夢時，從你的觀點，進入了其他對你的心靈而言同樣本有的實相層面，但通常你仍透過目前「醒時的電視台」來體驗那些事件。你記得的那些夢被著色或改變，甚至在某種程度被檢查。這並沒有天生心理或生理上的必要。可是，你對實相的本質及精神健全的想法及信念，結果招致了如此的一個分裂。

讓我們回到我們的朋友，魯柏和約瑟，在看「星艦迷航記」，正如每個人看自己喜愛的節目一樣。

魯柏和約瑟知道星艦迷航記並不是「真的」。星球可以在螢幕上爆炸，而魯柏不會濺出一滴咖啡。對發生在離沙發只有幾呎遠的、想像中的災難，安適的客廳是安全無虞的。不過在某方面，這節目反映出你們社會一般具有的某些信念，因此它像是個專門化了的群眾清醒之夢——真而又非真。不過，讓我們暫且換到你們喜愛的官兵捉強盜戲碼。在街上，一個女人被槍殺了。現在這齣戲變得「更真」、更有可能性，而較沒那麼舒服了。因此看這樣一個節目，你們自己可能感到略受威脅，不過大致上仍舊不擔心。

有些人可能根本不看這種節目，反之，他們收看健康的傳說，或宗教戲劇。一個傳教士可能滿面紅光、眼神熱切地站著，頌讚善行的好處、咒詛魔鬼的團隊——對我的某些讀者而言，那看不到、從未出現的魔鬼，依然好像十分真實的樣子。

那麼，你形成某些焦點。你將快活地忽略某些播出的危險情節，只當是不錯的探險故事，而同時，其他的情形可能使你心頭震撼，認為「太真了」。因此在你醒時與夢中的經驗，你將做同類的區分，按照你賦予它們的重要性，而被這些醒時或夢中的事件所觸及或不觸及。

如果你不喜歡一個電視節目，只要用手一轉就能換到另一台。如果你不喜歡自己的實質經驗，也能換到另一個更有利的台——但是只在你認出你即那製作人的時候。

（十點十五分。）在夢境中，許多人學會藉著從夢中醒來或改變意識焦點，來逃避惡夢。再次，魯柏和約瑟不因星艦迷航記而感到威脅。（長久的停頓。）那節目不會令他們感到較不安全。可是，當你身處一個可怕的實質經驗中，或被惡夢所苦時，那時你就希望自己知道如何「換台」。

你們可以休息。

（十點二十分到十點四十四分。）

口述，短暫地。

你們常會被一齣電視劇迷住，因此有一剎那，你們忘了它的「非真」，而在對它的專注上，能暫時忽略周遭更大的實相。

例如，有時你被一個恐怖節目嚇得非常過癮。你可能感到必須知道它結果如何，所以還不能上床睡覺，直到那恐怖情況得到解決為止。這一整段時候，你知道解救就在身邊：你總是可以把它關掉。如果一個人在看一個血腥的午夜特別節目，而突然狂叫或大叫，或從椅子上跳起來，這看起來多麼可笑，因為他的行動對「真實的」情況不恰當，卻是針對著假戲而起的。那喊叫或狂叫，對節目的演員絕無任何效果，不會改變那齣戲的分毫。合適的舉動應該是關掉電視。

在這個例子中，被嚇著的觀者完全明白，螢幕上的可怕事件不會突然在客廳裡爆發。然而，當你被嚇人的實質事件攫住時，叫喊或頓腳同樣是有勇無謀的，因為那並非行動發生之處（微笑）。再次地，只要轉換你的電視台就好了。但你往往變得如此全神貫注於你的生活情境中，以致未能領悟自己反應的不適當。

在這情形，你自己是節目安排者，而真正的行動並不在它好像在的地方——外在的事件裡——反之卻是在心靈裡，你在那兒寫並演出你的戲。夢境中，你在寫作並演出許多這樣的戲劇。

口述完畢。

（十點五十七分。賽斯現在為珍和我對其他題目講了幾頁資料。此節最後在十一點四十二分結束。）

第七五八節　一九七五年十月六日　星期一　晚上九點十四分

（第七五七節是特別談珍和我感興趣的其他事情。）

晚安。

（「賽斯晚安。」）

（幽默地耳語：）口述。

再用一個比喻，頭腦是很能以無數的「頻率」來運作的。每個「頻率」對此人呈現自己的實相畫面，以某種方式用到肉體感官，以它專門的方式來組織可用的資料，每個「頻率」以多少不同的方式來應付身體，以及心智的內容。

一般而言，你在醒時生活用一個特定頻率。因此彷彿除了那個你認識的實相之外，沒有別的——而且除了你正常熟悉的資料外，沒有更廣大的資料可用。

事件彷彿對你發生。常常看起來，你對自己的生活並沒有比對電視節目的結果有更多控制。可是有時，你自己的夢或靈感嚇了你一跳，因為它給了你通常在事件被認可的秩序之內得不到的資訊。用你通常的心智規畫所提供的情節或場景，很難解釋這類事件。你如此地被制約（conditioned），以致縱使睡時也試圖監控（monitor）你的經驗，並且以你學會接受為實相的唯一準繩之習慣性頻率，來詮釋夢中事件。可是十分實在地，當你做夢時，你是對準了不同的頻率，而身體在許多層面上對這些有生物性的反應。

就那件事而論，肉體天生就善於處理「意識的投射」（projection of consciousness）或魂遊體外（out-of-body travel）——不論你們喜歡怎麼稱呼它。你生物性的構造，包括了能容許意識某部分離開你的身體又回來的機制。這些機制也是動物天性的一部分。肉體配備好可以感知許多其他經驗，那些並沒被正式承認為天賦的人類經驗。那麼，到某個程度，你學會經常地監控你的行為，以使它順應為健全或理性經驗已建立好的評定準則。

你們就像動物一樣是社會性生物。雖然你們有許多堅守的、錯誤的信念，但國家的存在卻是合作而非競爭的結果，所有社會團體也都是這樣。被逐出團體不是件好受的事，社會性論述的安慰，代表了家庭和文明的一個偉大建築物。因此，那一套實相的評定準則，被用來做為組織、心靈與物質的架構。不過，在這些架構內，仍有比被承認的更多彈性。舉例來說，你仍然試圖把自己的文化觀點實相帶入夢境，但身與心兩者的天賦傳承卻逃過如此的壓迫——而相反於你的意圖。在夢中，你與不肯被擱置一邊的實相之更偉大畫面接觸了。

（九點三十九分。）沒有什麼與生俱來的理由，使得醒時狀態必然是如此地受限制；界限是你自己定下的。例如，肉體天生會治癒它自己。許多人對這種信念口頭上符合，可是實際上，你們大半相信——並經驗——一個遠為不同的畫面。在其中必須盡一切努力來保護肉體，使之不會自然地傾向罹病和健康不良；你必須避免病毒，好像對它們沒有抵抗力似的。夢境常發生的自然治療，常常在醒時被抹殺了；在醒時任何這種治癒被視為「奇蹟性的」，並且違反「常規」。

（停頓。）然而在夢中，你卻常常十分正確地看到導致你肉體困難的理由，而開始一個你能有意識地加以利用的治療。可是，一醒來你就忘了——或不信任你所記得的。

偶爾，在夢中發生了確切的肉體治癒，縱令你也許認為在醒時，你是有理智、有知識的，而在夢中你是無知或半瘋的。如果你在醒時是那麼「愚蠢」，那你的健康會好得多。

在這種夢裡，你對準了其他頻率，它們的確更接近你生物上的健全性（biological integrity），但沒有理由你在醒時不能那樣做。當這種彷彿是奇蹟的事發生了，是因為你超越了自己通常對身體及其健康、疾病的官方信念，而容許去自然地發展。往往在夢境裡，你變得真正地醒了，可以說用你的雙手抓住了你的靈性和生物性，而了解每一個都有遠比你被引導去假設廣大得多的實相。

可是，更常有的，反而只是對一個更廣大經驗有模糊一瞥和試探性的觀看。把事情弄得更迷惑不清的是，你可能自動嘗試按照通常的實相畫面來詮釋夢中事件，而可說在你醒時轉台了。

（九點五十七分。）例如，假設你打開電視看一個節目，發現由於某些故障，發生了大規模的滲漏（bleed-through），因而幾個節目混在一起，又同時顯現，似乎沒有節奏或理由，也沒有明顯的主題。有些人物可能很眼熟，有的則否。一個穿著太空衣的男人也許正騎著馬追逐印第安人，同時一個印第安酋長在駕一架飛機。如果所有這些取代了你預期的節目，你必然會認為那些全都沒什麼意義。

可是，每個人物，或一幕的一部分，都代表了另一個十分妥當的節目（或實相）片段。那麼，在夢中你有時是覺知到太多電台，當你試著把它們湊合成你所認知的實相畫面時，它們可能看來很混亂。是有辦法把這畫面調好焦距的，有方法能調準到那些其他十分自然的頻率。對你們所界定的世界以及其更廣大的面向，這些頻率能給你更廣的視野。就你們的情形，心靈並沒被包在一個太脆弱而無法表達它的框架裡，只因你對心靈和肉體的信念，將你的經驗限制於它現在的程度。你們可以休息。

（十點九分到十點二十五分。）

口述。（賽斯—珍向前傾，微笑，耳語，好像在說個笑話。）

在夢中，你是如此「愚蠢」，以致相信生者和死者之間有交流。你是如此「非理性」，以致想像你有時在對已死的父母說話。你是如此「不現實」，以致你彷彿造訪了久已拆除的老房子，或旅行到一個實際上從未去過的奇異外國城市。

在夢中，你是如此的「瘋狂」，以致不覺得自己被關在時空的櫃子裡。反之，你感覺好像所有的無限都在等著你去招呼。

如果當你醒時，你是同樣多才多藝的話，那麼你將使所有的宗教和科學都沒事好做了，因為你將了解心靈更廣大的實相，會知道「重要的事在哪兒發生」。

物理學家的手已放在門的把手上了。如果對自己的夢付出更多注意，他們將知道該問什麼問題。

（在十點三十三分長久的停頓。）心靈是有知覺能量的一個完形（gestalt），在其中住著你自己不可侵犯的本體。當你實現你的潛能時，它卻一直在變。

（長久的停頓。）你已死的親戚仍活著，他們常在夢中對你出現。可是，你常按自己實相的立場來詮釋他們的造訪。你看見他們如以前的樣子，局限在他們與你的關係裡，而對他們存在的那些以你自己信念來看是不合理的其他面向，你看不見或記不得。

因此，這種夢往往就像安排好的戲，在其中你以熟習的道具來掩飾這種造訪。當你經驗到不同凡響的靈感閃現，或感知其他非官方的資料時，這類的事常常發生。你迅速地試著使這種資料合乎常理。例如，一次進入實相其他層面的出體（out-of-body）經驗，變成一次天堂之遊。或直到現在未被認出、你自己更大本體的聲音，變成了神、宇宙人或先知的聲音。

可是，做夢的經驗給你一個指導方針，幫助你了解自己心靈的本質，以及存在於其內的那更深實相。再次：那在做夢的心靈是醒著的。

口述結束。等我們一會兒，如果你喜歡，可以休息一下。

（十點四十分。我說：「繼續吧。」賽斯又談了幾個其他題目。到現在我們看出他常把課分成兩部分——書的口述，然後討論其他題目，或是給我們私人資料。

（這課在十一點三十四分結束。）

第七五九節　一九七五年十月二十七日　星期一　晚上九點三十一分

（就在進入出神狀態之前，珍說：「我感覺到這節將是講書的。」

（我點點頭。但昨晚我有個特別有趣的夢，也希望賽斯會討論它。如你將看到的，他想辦法兩者都顧到了，把有關我的夢的討論，編入了他自己有關心靈的資料裡。）

晚安。

（「賽斯晚安。」）

口述。再次，你在做夢的心靈是醒著的。

它處理與你所熟習之肉體經驗不同的一種經驗，那種經驗也是心靈的一部分。日常生活是對你稱之為你的那一部分心靈集中焦點，而還有許多其他的這種焦點。心靈是永不被摧毀的，你自己那獨特的個人性也從不會被貶低。可是，心靈的經驗跨越你們對時間的概念。對你們而言，似乎很明確地，你們出生又死亡。就你們意識的特定焦點而言，沒有任何爭辯足以說服你不是如此，因為你到處都看到「事實」的實質證據。

也許你到某個程度相信死後的生命，轉世輪迴的一般理論或許能說服你，或許不能。但你們大多數必然在這似乎不可辯駁的信念上是統一的，即你現在必定是活著而非死去的。死人不會念書。

（好笑地：）另一方面，死人通常也不寫書——他們會寫嗎？

以一種奇怪的方式，我正在告訴你，你的「人生」只不過是你目前知覺到的那一部分存在而已。廣義來說，你同時是活和死的，正如我現在一樣。可是，我的焦點是在一個你們不能感知的區域。再次的，存在就像按照某種頻率演奏的樂曲。你們是對一首地球之歌調準了頻率，但只是跟著自己的旋律，而通常對你參與其中的更大樂隊無所知覺。

有時在夢中，你的確對準一個較大的畫面，但再次的，某些事看來是事實，而相反於這些所謂的事實，即使是明確的經驗也可能看來可笑或混亂。

昨晚，我們的朋友約瑟有個使他很感興趣的夢，但又似乎非常的扭曲。他發現自己在問候一大群人。他相信他們是家庭的成員，雖然只認出幾個。他已死的父母在那兒，還活著的一個弟弟和弟媳也在那兒。那弟弟確然是他自己，卻不知怎地變了樣子，他的容貌有種東方的味道。整個夢是很愉快的，彷彿像個家庭團聚。

（九點五十分。）可是，約瑟對這個生者與死者的混雜感到奇怪。很容易把這夢當作預見約瑟自己以及他弟弟和弟媳的死亡。不過，你們遵照著自己的時間順序（time sequences），而心靈卻沒受到這種限制。對它，從你的立足點而言，你的死亡已經發生。可是，從它的立足點而言，你的出生也真的還沒有發生呢。那麼，你對所認知的時間與存在的架構，有一個更廣大的經驗。

在那裡，你能遇見久已死去的親人，或尚未出生的孩子。在那裡，你能遇見自己這個人的其他部分，那是與你同時存在的。

在那個架構裡，生者與所謂死者能自由地混雜。在這種情況裡，你真正變得知覺到存在的其他視角。你於存在的拐角轉了個彎，而發現心靈的多重深度。

畫家在一個平面上，用透視法試著捉住深度的感覺與經驗，那本身是與平的帆布或紙或板無關的。畫家可能生動地喚起一條消失中的路之意象，它在畫的前方看來很大，漸行漸小，直到好像消失於遠方某個看不見的點。可是，沒有一個實體的人會走在那條路上。一隻爬過這樣一塊布的螞蟻，將很快越過只是另一個平坦的表面，而對歡迎牠的那條路，以及任何畫出來的原野或山岳無所知覺。

現在於夢境，你偶爾突然對更大的視角有所覺知了。這個視角在你通常的意識層面「不起作用」，不比畫家的視角更能對螞蟻起作用——雖然你能從一隻螞蟻的意識學到很多。（熱切地：）說我笑了。

（十點七分。）你自己的醒時意識專擅某種的分別。這些恰有助於形成肉體存在的結構。它們強調了你的生活，也給了它們一種框架。十分簡單地說，你要體驗某種實相，因此給事件畫定界限，以容許你聚焦其上。當畫家畫一幅畫，他用辨識力，選擇了聚焦的區域。每件在畫面內的東西都是合適的；因此在你的肉體生活中，你也在做同樣的事。

畫家知道有許多畫可畫，他在心中容納著已畫出來的，以及那些還在計畫中的。因而心靈平等地容納在進行中、已活過或還未活過的生活，並處理更廣的視角，你日常的視角即是從中浮現出來。

我常談到你和心靈，好像兩者是分開似的，其實並非如此。你是你目前所認識的那部分心靈。許多人說：「我要認識我自己。」或：「我想找到我自己。」但事實是很少人想花那份時間或精力。（停頓。）然而，有一個開始著手之處：試著與你現在的自己變得較為熟稔。別告訴自己，你不認識你自己。

如果你堅持把肉體生活法則應用到你自己更大的經驗上去，那要發現你自己實相的其他層面，就沒有多少用處了。那樣的話，你永遠會在一個困境，沒有一件事實會符合。然而，你也不能堅持要你更廣大存在之法則——當你發現它們時——取代已知生活的實質條件，因為那樣的話，也沒有一件事會符合。你將預期永遠住在同一個肉體內，或以為可隨意使你的身體浮升。你的確能浮起，但實際上的操作說法，並不是用你的實質身體。你接受一個身體，而那身體將會死亡。它有其限度，但這些也可用來強調某類經驗。（在早先提及的夢中）約瑟用以看到他親人的那個身體，在操作上是非實質的。不過，它是相當真實的，而在實相的另一層面，它是可操作並適合它的環境的。

你可以休息。

（十點二十七分到十點五十分。）

好，在許多方面，你的注意力只集中於一個很短的時段。「真正的事實」是，你同時存在於這個人生之內和之外。你同時「在兩次人生之間」，又「在人生裡」。在實相的更深次元中，你的思想與行動不止影響你所知的一生，並且還及於其他所有同時的存在。你現在所想的，被某個假設十四世紀的自身無意識地感知到。心靈是開放的（The psyche is open-ended.）。沒有關閉的系統，尤其是在心理上的系統。對你那集中注意力於別處之「較大實相的其他部分」而言，你的生活是一個夢的經驗。

他們的經驗也是你夢的傳承（heritage）之一部分。

你也許會問，那些其他的存在有多真實，如果是這樣，你必須先問是以誰的說法。存在有個實質的版本，在那個架構裡你有生有死，並且有明確的順序。死亡是個實質的實相。不過，它只對肉身來說是真實的。如果你接受那些方式為唯一無二的實相評斷標準，那麼必然地，死亡就顯得是你意識的結束。

可是，如果你學會在日常生活中認識自己多些，即使是對你的俗世生活變得更完全地知覺些，那麼你的確將收到其他的資訊，暗示一個更深、更有護持性的實相，實質的實相安住於其中。你將發現自己有不符合所認可事實的經驗。這些可加起來成為另一套替代的事實，指向一種不同的實相，並給內在的存在一個比實質假設更重要的證據。不過，某種的審慎與了解是必要的。基本上，內在實相是物質實相的創造性根源。可是到某個程度，物質法則也是不可違反的——在它們的層面。

（十一點七分。）你能學會大量地增加自己的經驗，理論上說，甚至可對其他的存在有某種程度的覺察。在夢境，你可旅行到與自己實相層面分開的層面，可以學會以新的方式利用和經驗時間。你能從自己存在的其他部分獲取知識，並開發心靈的資源。你能改進居住的世界以及生活的品質。但當你具有肉體時，仍得經驗出生與死亡、黎明與黃昏，以及每段時刻的私密性，因為這是你所選擇的經驗。

不過，甚至在那脈絡內，仍有驚奇迷人的事在等著你。只要你學著去擴展知覺，不止是探索夢境，而且以更冒險的方法，探索你醒時的實相。你在做夢的心靈是醒著的。你們大多數人常讓正常的醒時意識變得模糊了——比較來說是不活動，以致你對自己過的人生只是半知半覺。你是你心靈活生生的表達、在人性上的顯現

（manifestation）。（停頓。）可是你常容許自己無視於你存在的各個燦爛層面。

在約瑟的夢裡，他弟弟的容貌有種東方的味道。約瑟知道弟弟以其自己的身分活著，他也以一個東方人的身分活著——那是此生的約瑟所不知的。如果約瑟看到了兩個人——他弟弟和一個東方人——他不會認出那陌生人，因此在夢中，他弟弟已知的樣子占優勢，而同時與東方的關聯只有略微的暗示。在自己的生活裡，你將用到這種心靈的速記，或利用象徵，試著以已知實相來解釋一個實相的更大次元。

再次的，不論到什麼程度，你們必須去體驗心靈的次元，而不能簡單地定義它。那麼在下一章，我會建議一些練習，讓你直接體驗自己實相的某些部分，那是之前你一直捉摸不到的。

（較大聲，並帶著微笑：）第二章結束。

Chapter 03 聯想、情感，及一個不同的參考架構

我們稍微休息一下再繼續。

（十一點二十五分到十一點三十二分。）

（幽默地強調：）第三章：〈聯想、情感，及一個不同的參考架構〉。那是標題。

你通常以時間觀點來組織你的經驗。不過，你通常的意識之流也是非常具聯想性的。例如，目前的某些事件會提醒你過去的事，而有時你對過去的記憶會渲染了目前的事件。

不論聯想與否，實質上，你將記住「在時間裡」的事件，而目前的時刻俐落地追隨著過去的時刻。不過，心靈多半與聯想過程打交道，因而藉聯想來組織事件，像時間這樣的東西在那架構裡沒什麼意義。可以說，聯想是由情感上的經驗連結在一起。廣義來說，情感不服從時間。

口述完畢。

（十一點三十九分。）等我們一會兒……那剛好夠長，足以使魯柏知道我們已開始了下一章。

（現在賽斯傳遞了有關其他主題的一些資料，在十一點五十二分結束此節。）

第七六二節　一九七五年十二月十五日　星期一　晚上九點十分

（第七六〇與七六一兩節全用來談賽斯在為《心靈的本質》常規口述之外，所發展出的個別話題。

（「我感覺半是沉重，又半是輕鬆。」珍在我們等課開始時說，「我感到一種奇怪的困擾——或許不耐是個更好的形容詞。我想我半知半覺的這些心靈事物，必須被組織並表達在我們的世界裡——賽斯、塞尚、本書——以使我們能理解這整件事。」

（她之所以提起法國畫家保羅・塞尚（Paul Cézanne），乃是因為這涉及一件她不久前才開始的經驗。既然賽斯在本節裡自己討論到這點，我就讓他從這兒繼續吧。）

晚安。

（「賽斯晚安。」）

口述──繼續第三章。

當你與你的心靈有聯繫時，會體驗到直接的知識。直接的知識即理解。當你做夢時，你是在經驗關於你或世界的直接知識，以一種不同的方式理解自己的存在。當你讀一本書時，你是在經驗非直接的知識，它也許能或不能導致理解。理解本身存在，不論你是否有文字──甚至思想──來表達它。你可能理解一個夢的意義，而完全沒有語言方式的了解。你平常的思想可能動搖，或圍著內在的理解滑來滑去，而從沒有真正表達它。

與聯想和情感之確實性打交道的夢，常常在平常的世界裡看似不可理解。我以前曾說過，沒有人能給你心靈的定義，它必須被經驗。既然它的活動、智慧和感知力，大半是從另一類參考體系升起，那麼你必須多學著對平常的自己詮釋你與心靈的相會（encounter）。此處最大的困難是組織的問題。在常規的生活裡，你很俐落地組織你的經驗，把它們推入被接受的模式或通道，推入預想的概念和信念。你裁剪它以適合時間順序。再次地，心靈的組織不遵循這種學到的癖性，其產品常顯得混亂，只因它們超越過了你們所接受、關於經驗是什麼的概念。

（九點二十五分。）在《靈魂永生》裡，我試著以讀者所能了解的術語，來描寫你們自己實相的某些延伸。在《個人實相的本質》裡，我試著擴展通常被經驗到的個人存在之實際界限，給讀者一些暗示，可以增加日常生活中實際、靈性及肉體的享受與成就。那些書由我口述，以一種多少為直線性的敘述文體。在《未知的實相》裡，我更進一步展現心靈的經驗如何向外濺入白日天光，希望在書中，透過我的口述，及魯柏和約瑟的經驗，讀者能明白那觸及了日常生活的更廣大次元，而感到心靈的神奇。那本書要求約瑟做許多工作，而那加上去的努力本身就是一個展示，即心靈事件是很難在時間裡確立的。

它的活動似乎走向所有的方向。例如，要這麼說可能很容易：「這事或那事在這個時間開始，後來在那個時間結束。」可是，當約瑟作他的註時，很明顯地，有些事件幾乎無法如此精確地指出，而的確看起來好像沒有開始或結束。

因為你把你的經驗這麼直接地與時間相連，除了在夢中，極少容許自己有任何似乎違背它的經驗。因此，你對心靈的概念，局限了你對它的經驗。在那方面，魯柏遠比我大多數的讀者更為寬大。但是，他仍常常期待自己相當非正統的經驗，出現在你們全都熟習、有秩序的衣著裡。

在上一次寫書的課裡，我給了這章的標題，提到情感和聯想，以及心靈必須被直接體驗的事實。在今晚之前，我沒再口述寫書的課，同時，魯柏經驗到對他而言是新的心靈次元。

（九點四十三分。我們的貓威立醒過來了，堅持要爬進珍的懷裡，而她正處於出神狀態。最後我必須把牠放在寫作室裡，並關上門。）

他沒有想到那些經驗與本書有任何關係，或在如此自發地行動時，他是遵循著什麼內在秩序。他要這些書俐落地一頁跟著一頁。可是，他每一個經驗都表露出，心靈的直接經驗違抗了你們對時間、實相與井然有序事件的平淡觀念。它們也用來指出知識與理解的不同，而強調欲望和情感的重要。

當然，我自己的經驗是有點與讀者的分開。因為這資訊——賽斯資料——是篩濾過魯柏的經驗而來，你能夠看出它如何應用到你們「目前」的存在上。

魯柏近來的經驗特別重要，在於那涵意相反於一般人所抱持許多被接受的中心信念。我們將用這些最近的插曲作為一個機會，來討論那些看似「超常」（supernormal）知識的存在——它們可以被取得，但通常沒被觸及到。我們將更進一步描寫可使這種資訊實用，或把它帶入實用範圍的扳機（trigger）。

首先，有幾點我要說明。

你們天生有語言的傾向。語言是暗含在身體構造裡的。你們天生有學習與探索的傾向。當你被孕育時，已有一個你長大了的肉體完全模式（pattern）——這個模式足夠明確到能給你可被認明的成人模樣，同時又足夠富有變化到容許真正是無限的變數（非常熱切的）。

不過，如果說你是被迫變為成人，那是癡話。一方面來說，在任一既定時刻你能結束這過程——而許多人如此做了。換言之，以你們的說法有發展模式存在，但這並不表示每個這種發展不是獨特的。

那麼，再以你們的說法，任一地球時間有許多這種模式存在。但在較廣的方面，所有時間都是同時的，因此這種肉體模式都同時存在。

（十點二分。）讓你的手休息一下。給魯柏一些香菸，我會使他保持在出神狀態。你要休息嗎？

（「不要。」

（一分鐘後。）在心靈的範圍裡，知識、文化、文明、個人和群體的成就、科學、宗教、技術和藝術的所有模式，都以同樣的樣子存在。

個人的心靈，你所認不出自己的那一部分，對這些模式是有所覺察的，就像它對個人的肉體生物模式——以此為核心形成你的形象——有所覺察一樣。那麼某些傾向與可能性是在你的生物結構之內的，按照你的目的和意圖可被發動或否。例如，也許你個人有成為優秀運動員的能力，可是，你的傾向與意圖可能把你帶到不同的方向，因而那必要的扳機並沒有被扣動。每個人都在不同的方向有其稟賦，他自己的欲望和信念發動了某些能力，而忽略了其他的。

（十點十一分。）人類內在天賦具有各種情況下可能必需的所有知識、情報和「資料」。不過，這天賦傳承必須在心靈上啟動，就像肉體的機制，譬如一塊肌肉，由欲望或意圖啟動一樣。

這並不指你在學習廣義來說已知之事。比如說，就像你學習一種技術，若沒有啟動的欲望，這技術不會被發展；但即使當你的確學會了一樣技術，你是以自己獨特的方式去用它。同樣，數學與藝術的知識，就與你的遺傳因子一樣地在你之內。可是，你通常相信所有這種資訊一定是外來的。固然數學公式不是印在頭腦上的，但它們是腦結構天生固有的，（熱切的）並暗含於它的存在之內。你自己的焦點決定你可得到的資訊。我在這兒給你們一個例子。

魯柏以繪畫為嗜好。有時他畫一段相當久的時間，然後把它忘了。約瑟是個畫家。魯柏一直對心智的內涵是什麼、能得到什麼資訊甚感好奇。聖誕節快到了，他問約瑟想要什麼禮物，約瑟多少是這樣回答：「一本關於塞尚的書。」

魯柏對約瑟的愛，還有他自己的目的，以及越來越多的問題，連帶對繪畫的興趣，啟動了正足以突破平常對時間和知識信念的那種刺激。魯柏對塞尚的「世界觀」調準了頻率，他沒有接觸塞尚本人，而是接觸塞尚對繪畫作為一種藝術的理解。

在技巧上，魯柏甚至不夠靈巧到能遵從塞尚的指示。約瑟是夠靈巧的，但他不想跟隨旁人的洞察力。不過，那資訊是極端有價值的，而對任一題目的知識都能夠以這樣一種方式得到——但它是透過欲望和意圖而獲致的。

這並不是說，自發地、未經指導的任何一個人，能突然變成偉大的畫家、作家或科學家。不過，它的確意謂著，這族類在其自身內擁有那些能開花的傾向。它也指出，由於沒有利用到這種方法，你們在局限自身知識的範圍。它並不意謂以你們來說所有知識都已存在，因為當你收到知識時，它自動地變成個人化，而因此是新的。

你可以休息或結束此節，隨你的便。

（「那我們就休息一下。」）

（十點三十分。賽斯對形成珍「塞尚經驗」的情形做了一個極佳描寫。明確地說，以下是發生的經過：在十二月十一日，天亮之前，珍十分突然地開始寫一個自動的稿件，疑似來自畫家塞尚。塞尚活在一八三九年到一九〇六年。她絲毫不知這稿子會不會繼續「來到」，然而它所展示對藝術和生活的洞察力已使我吃驚。

（在十點四十二分以同樣方式繼續。）

你的欲望自動地吸引你需要的那種資訊，雖然你對此有所覺或無所覺。

例如，如果你有天賦，而想做個音樂家，那你可能真的在睡眠中學習，對其他還活著或已死的音樂家世界觀調準頻率。當你醒時，將收到內在的暗示、輕觸或靈感。你可能仍需要練習，但這練習將多半是快樂的，而不會像別人花那麼多時間。收到這種資訊，對技巧有利，而基本上運作於時間順序之外。

魯柏的塞尚資料因此來得非常快，只用了一天的部分時間，然而它的品質是高到甚至連專業藝術評論家也能從中學習的——雖然他們有些作品也許要用掉多得多的時間，且來自對藝術很廣博、有意識的知識，而那是魯柏幾乎全然欠缺的。因此，這心靈製品天生就打破了許多最被珍視的信念。

去假設這種知識是可得到的，看來幾乎是種迷信，因為那樣的話，教育又有何用？然而教育應該為學生介紹盡可能多的努力區域，因此他能認出可被用作天然扳機的區域，以打開技巧或更進一步發展。然後，那學生將能做選擇。塞尚資料是來自過去，然而將來的知識也是很可及的——當然，從你過去的立足點還有可能的將來。理論上將來的資訊是在那兒，可以得到，正如身體發展的「將來」模式在你出生時就有了——而那無疑是實際的。

此節完畢，晚安。

（「賽斯晚安。」）

除非你有問題……

（在十點五十五分，我的確問了賽斯一個問題，他討論那問題直到十一點二十四分。）

第七六三節　一九七六年一月五日　星期一　晚上九點二十八分

（昨天當我們開車去郊外一遊時，珍突然大聲地質疑道，不知賽斯做不做夢。如果他做夢，他的夢境又是什麼樣子？今晚九點時她告訴我，她想賽斯會把她的問題織入書的口述來回答她。

（在整個聖誕假期中欣賞我們的聖誕樹後，今天我們把它拿了下來。珍稱這假期為「塞尚的日子」，因為她仍在收到塞尚的資料。）

現在：口述。

（「賽斯晚安。」）

那麼，除了你們視為當然的接收資訊方法外，還有其他的方法。

也還有其他類的知識。這些是與你們一般不熟習的組織有關的。那麼，這不止是有關為獲得知識而學習新方法，卻是一種情況，在其中，舊方法必須暫時擱置一旁——連同與它們相連的那類知識。

也不止是有關那兒有另一類知識的問題，因為還有好些其他這類知識，許多是在生物學上你們可以搆得到的。有好些所謂祕教的（esoteric）傳統提供了某種方法，容許一個人把被普遍接受的感知方法擱置一旁，而提出一些模式，可用來作為這些其他類知識的容器。不過，連這些容器也必會影響所收到的資訊形狀。（停頓。）有些這種方法是非常有利的，但它們也已變得過於僵化專制，不容許逸出正軌的餘地。於是在它們四周樹立起教條，以致只有某部分資料被認為可接受。那系統已不再具有最初促其誕生的彈性了。

你們所依賴的那種知識，需要訴諸語言，很難想像不用自身所了解的語言而能累積任何知識。縱使你們記得的夢，也常是用語言構成的。你們也可用影像，但這些是熟習的影像，來自被教出來、因而也是存有偏見的肉體感知。那些記得的夢是有意義且非常有價值的，但它們已在某程度上為你組織好了，而被放入一個你多少能認知的形狀。

（九點四十一分。）可是在那些層面之下，你以一個全然不同的形式來理解事情。這整個的理解後來即使在夢裡也被包裝好，而轉譯為通常的感官方式。

如果你想了解它的話，任何資訊或知識必須有一個模式。魯柏自己的書、對自己通靈能力的知識，和他對約瑟的愛——全都被用以形成一個模式，因而吸引到塞尚資料。他「自動地」收到它，並寫下那來得太快幾乎使他跟不上的字句。他的技藝或寫作技巧把這資料帶入清晰的焦點。可是，這資訊本身與文字毫無關係，而是關於對繪畫本質的一個全盤理解、一個直接知曉。那麼，魯柏用自己的能力作為容器。再次地，任何人透過欲望、愛、意圖或信念，而提供了合適的模式，都可以得到對任何這種題目的直接知識。

魯柏隨後對我做不做夢感到好奇。我自己通常的意識狀態和你們的非常不同，我不像你們那樣交替於醒和睡之間。不過，我有些意識狀態可以與你們的夢境相比擬，在其中，我比較不像於別的狀況中那麼捲入。如果我對你說：「我控制我的夢境。」你可能對我的意思有個概念。但我並不控制我的夢——而是完成它們。你們可稱之為我的夢境的，是涉及存在於你們記得的夢之下那些層面。

（停頓。）我先前說過有許多種知識。反之，現在把它們想作知識的狀態（state of knowledge）。要感知它們中的任一個，某個意識必須針對它調準頻率。在我的「醒時」情況，我同時在許多意識層面運作，因而與不同的知識系統打交道。在我的「夢中」狀況，我形成聯合多種系統意識的環結（links of consciousness），創造性地將它們形成新版本。當我再度「醒來」，變得有意識地覺察到那些活動，而用它們來增益我一般狀況的幅度，創造性地擴展我對實相的經驗。我所學到的，自動地傳送給像我一樣的其他人，而他們的知識也傳送給我。

（在十點五分停頓。）我們每個人都有意識地覺察這些傳送。以你們通常熟習的用語，會想到「有意識的心智」（conscious mind）。以那種方式來說，有許多有意識的心智。不過，你們的偏見是如此地深，以致忽視那些被教導為不可能是有意識的資訊。因此，你們所有的經驗是按照自身信念組織的。

記得你的夢比不記得要自然得多。現在流行說，你們所認為有意識的心智，是與存活打交道的。它與存活打交道只因為在你們這特定種類的社會，它促進存活。以那種方式來說，如果記得你的夢，有意識地從那知識獲益，那麼你的肉體存活也更得以確保。

夢裡生活有個層面是特地為了處理身體生理狀況的，不止是給你有關健康問題的暗示，並且給你它們的理由，以及勝過它們的方法。關於可能的未來資訊也給了你，以助你做有意識的抉擇。可是，你已教育自己不可能在夢中有意識，因為你如此詮釋「有意識」這詞，以致它只是指你自己有成見的概念。結果是，沒有任何文化上可被接觸的模式，允許你能勝任地利用你的夢。

出神狀態、白日夢、催眠——這些為你暗示了一些能從醒時意識之立足點發生的各種不同狀況。在每一個狀況裡，實相以另一種樣子出現，就彼而言，不同的法則適用於不同的實相。在夢境，遠為多的變化發生了。可是，就你們而言，開啟夢境之鑰是藏在醒時狀態裡的。開始探索夢之前，必須改變你們關於做夢的概念。否則，自己醒時的成見將關閉了那道門。

你們可以休息。

（十點二十四分到十點三十五分。）

就現況而言，你們只表達了自己全部個人性（personhood）的很小部分。

我的評論，與你們已接受、對自己的無意識部分觀念毫不相干。你們對無意識的概念，與對個人性的有限概念是如此相連，以致在這討論中毫無意義。就好像你只用一隻手的一根手指，而說：「這是我的人性的適當表現。」不止是心智有其他未用的機能，而是以那種方式來說，你還有其他的心智。你的確是有一個頭腦，但你只容許它用一個電台，或只容許它與許多心智中的一個認同。

在你看來，彷彿很顯然地，一個人有一個心智。你把它與你所用的那個心智認同為一。而如果你有另一個，那麼就好像你必然是另一個人了。一個心智是一個心靈模式，透過它，你詮釋並形成實相。你有可看見的四肢，但你有看不見的好些心智。每一個都能用不同方式來組織實相，每一個處理它自己那類的知識。

這些心智全都共同合作，使你藉著頭腦的實質結構而活著。當你用到所有心智，那時，只有那時，你對周遭環境才變得完全地覺知：你會比現在更清楚地感知實相，更敏銳、更燦爛也更確切。不過，在同時，你直接地理解它，是理解它的本質，而非你對它的實質感知。對於你其他心智天生具有的意識狀態，你也會接受為自己的。你達成了真正的個人性。

就歷史來說，有些古老的民族達成了這種目標；但就你們而言，那是太久以前的事了，以致無法找到他們知識的證據。

（長久的停頓。）多少世紀以來，形形色色的個人曾很接近那種狀態，但卻沒有表達的工具以使人類成員了解。他們擁有方法，但這些方法卻是以其他人沒具有的知識為其必要條件的。

（十點五十四分。）口述結束，等我們一會兒。

（賽斯立刻開始對珍昨晚一個夢做了短短的討論。她幾乎都忘了，但今晨她在筆記本裡寫道，她知道那涉及一種新的、相當怪的感知方式，是她完全無法訴諸言語的。因這與賽斯此章相關，所以我把他的評論包括在此：）

魯柏昨晚差不多已忘懷的夢代表一個突破，在於他至少有意識地覺察到，自己又是以另一種不同的方式收到知識。

他無法訴諸語言，也沒有一種可包容那經驗的適當模式。可是，他收到了它。他近來的作畫並非巧合，因為他在處理非語文資訊，而以另一種方式組織資料，於是啟動了心智的另一「部分」。

塞尚資料、那個夢與那幅畫，全是另一種感知的一面。你們共同的圖書館實驗（珍在《心靈政治》中描寫了她的心靈「圖書館」）有助於準備好舞台，因你也加進了你的鼓勵。所有這些，將幫助魯柏向一種非語文的理解前進，那在另一個層面將重組他的某些信念。

這類感知無法言傳，除非魯柏以更進一步經驗形成適當的語文模式。在這上面，我是個試金石，使他在精神上加速到某個程度，而使得他與我——一個額外的能量來源——接觸。他啟動了頭腦的某些部分——那是人們沒悟到自己擁有的——而使頭腦連接上另一個心智。

（較大聲而幽默地：）現在，此節完畢，祝你們晚安。

（「賽斯，非常謝謝你，晚安。」

（十一點五分。）

第七六四節　一九七六年一月二十六日　星期一　晚上九點十二分

現在：晚安。

（「賽斯晚安。」）

口述：在某方面你可說是只從頂端體驗自己，因此為了利用其他知覺層面的資訊，你必須學習經驗平常不熟習的其他組織系統。

往往，夢看似無意義，是由於你自己對夢境象徵和組織的無知所致。例如：你可能誤解「天啟」的資料，因為你是按照平常有意識的組織來構築它，於是，許多本可被利用、有價值而十分實際的洞見步入了歧途。所以，我會建議一些簡單的練習，那可容許你以一個不同方式去直接經驗「對你自己存在的感受」。

首先，心靈所用的各種不同組織，至少能在某層面上比喻為不同的藝術。例如，音樂未比視覺藝術好，一件雕刻也不能與一段旋律比較。那麼，我並不是說一種組織模式比另一種好。你只不過專門研究許多意識藝術之一而已，這可由對其他藝術的知識和練習而大幅充實。

（九點二十分。）首先，這些其他的組織，根本就與時間無關，而是在處理情感和聯想過程。例如，當你了解自己的聯想是怎麼回事時，那你詮釋自己的夢就容易得多，而終會把它們變成一種藝術。

有好幾種方式來做這些練習。目的將是，盡可能在時間順序之外來體驗情感和事件。

如我曾提過多次的，細胞的理解力（cellular comprehension）與可能性（probability）打交道，而涵括了過去與未來，因此在活動的那個層面，如你們所了解的時間並不存在。不過，你不是有意識地覺察此種資料。心靈——可說在尺度的另一端——也是不受時間限制的。可是，通常你自己的意識流會引導你思及事件，超出了它們一般的次序之外。例如，你可能收到一封貝西阿姨的來信，而在很短的時間內，它啟動你想到兒時的事情，因此許多意象飛過你的心智。你也許好奇明年阿姨會不會做預期中的歐洲之旅，而那個念頭可能會引發一個想像中的未來影像。這些思想和影像，都將被此信以及你和阿姨曾涉及之事件相連的情感所染色。

下回當你發現自己在一個相似的經驗中，聯想自由地流過時，那就要對你在做什麼變得更覺察。試著感覺涉及的流動性（mobility），你將明白，事件不一定按照通常的時間來建構，而是按照情感的內容。

例如，關於你自己下個生日的念頭，可能即刻帶你想到過去的生日，或一連串自己二十歲生日、三歲生日、七歲生日的畫面可能重現腦海，以你自己獨特的順序出現。那順序將由情感的聯想來決定——與做夢自身所遵循的一樣。

三天前你穿什麼衣服去上班？一週前的早餐你吃了什麼？在幼稚園裡誰坐在你旁邊？最近嚇到你的是什麼事？你怕睡覺嗎？你的父母打過你嗎？昨天午飯後你做什麼？三天前你穿什麼顏色的鞋子？你只記得重要的事件或細節。你的情感啟動你的記憶，也組織你的聯想。你的情感是由你的信念所發動的。它們彼此依附，以致某些信念和情感似乎是二而一的。

（九點四十分。）下次當機會來臨，而你認出心裡有一種相當強烈的情感時，讓你的聯想流動。事件和影像會以超越時間的形式跳到腦海中，這樣憶起的事件有些會對你有意義。你會清楚地看出在情感和事件之間的聯繫，但其他的則不會如此明顯。盡你所能清楚地體驗這些事件，然後，故意改變它們的順序。記起一事，然後繼之以一件其實來得更早的記憶，假裝那未來一事比過去一事發生得早。

現在做另一個練習。想像一幅非常大的畫，在其中，你一生最重要的事件都清楚地描繪出來了。首先，視之為一連串的場景，將之安排成小方塊，你可以把它看作一頁連環圖。這些事件必須對你具有重要意義。例如，如果畢業典禮對你毫無意義，不要把它畫上去。從左上角開始畫，最後在右下角結束。然後完全調換順序，因此最早的事件變成在右下角。

這樣做之後，問你自己，哪一個場景喚起你情感上最強烈的反應。告訴自己它將變得越來越大，然後在腦海裡看著它的尺寸改變。此處會涉及某種動力，以致這樣一個場景也將從其他場景中吸引一些成分（elements）。接著，容許其他那些場景散掉。那主要的畫面將從所有其他場景中吸收成分，直到你最終有了全然不同的畫面——一個由許多小些的場景組成、卻以全新方式聯合在一起的畫面。可是，你必須做這練習，因為光只是閱讀它，不會給你從實際練習而得的經驗。這練習要多做幾次。

（九點五十四分。）現在：有意識地建構一個夢。告訴你自己將這樣做，而以第一個來到腦海的思想或影像開始。當你結束了你的白日夢後，用自由聯想對自己詮釋它。

有些人在這類練習裡會遇到一些抵抗。你們喜歡閱讀它們，但會找各種藉口，阻止自己去嘗試。如果你是誠實的，會發現有勉強的感覺，因為會利用到意識的某種性質，而那是與你通常有意識的經驗相反的。

可以說，你也許感覺好像越過了你的終線，或伸展那模糊感覺到的心靈肌肉。其目的並非完美地執行這種練習，而是使你涉入一種不同方式的經驗與知覺，它們在你以我建議的方式來做時就誕生了。你曾被教導，不要把醒時與做夢情況混在一起，不要做白日夢。你被教導，以某一方式清楚地、雄心勃勃地、精力充沛地集中你全部的注意力——因此，白日夢或把意識的各種模式混雜與相配，顯得是很差勁的消極、停滯或懶散。（較大聲：）「雙手一懶散，魔鬼便占用。」——一個基督教的老格言。

很不幸，基督教的某些觀點比另一些更受到強調。而那格言是建基於相信自己為邪惡的信念上的，而這自己需要被教訓，使之轉入建設性的活動。這樣一種相信自己令人厭惡的信念，阻止了許多人進行對內在自己（inner self）的任何探索——因而，阻止了他們有任何能給他們相反證據的直接經驗。如果你害怕自己，如果你怕自己的記憶，你將阻擋你的聯想過程，害怕它們把最好忘了的事帶回來——而通常是性方面的事。

（十點八分。）有些人把性當作他們與之相連的、唯一強烈的能量區，因此那變成他們對於自己的所有信念的焦點。在做某些這種練習時，你也許會遇上自慰、男同性戀或女同性戀的意象，或僅只是性的幻想，而就立即退回，因為你的信念告訴你這些是邪惡的。

為了同樣的理由，你不記得，或不想要記得你自己的夢。因此，許多人告訴自己，他們非常想要發現心靈的本質與範圍，但不知這為什麼很少成功。而同時，這種信念說服他們，他們自己是邪惡的。這些信念必須被剷除。如果你不能誠實地面對你自己生物性的更廣大次元，就必然無法探索心靈的更大次元。可是，這種對聯想的阻擋，是阻礙了許多人探索內在的非常重要的因素。心靈的組織是更寬廣的，比之於大多數你們對自己的有意識的信念，它們以它們的方式是更為理性的。

許多人害怕他們會被內在的探索席捲，他們會發瘋，其實人格與肉體的實質姿態（physical stance）是穩定地植根於這些替代的組織（alternate organization）裡的。有意識的心智並沒有毛病。你只不過在它上面蓋了個蓋子，只允許它如此有意識，不能再多。你們說：「在這裡有意識是安全的，而那裡則不安全。」

你們許多人相信造一個核子彈是安全的，而用你的夢作為另一個操縱日常生活的方法則是瘋狂的；或，有意識地知覺你們的濾過性病毒、戰爭與災難是好的，但有意識地知覺可以解決這種問題的自己之其他部分，則是不對的。

那麼，重點並不是要消滅正常的意識，卻是要藉著把它天賦的確能感知與利用的實相之其他層面帶入焦點，十分真實地擴展它。

在這本書裡，從頭到尾，我會建議許多練習。它們有些必須用到正常意識的變奏。我也許要請你忘記身體上的刺激，或建議你擴大它們，但我絕沒宣稱你們的意識方式是錯的。它所受的限制並非天生的，而是由於你自己的信念與做法。你沒把它帶得夠遠。

你們可以休息一會兒。

（十點二十七分到十點四十三分。）某些晚上當你快入睡時，試著告訴自己，當你睡著時，你將假裝自己是醒的。

建議自己，你不會沉入睡眠，反而將進入另一種清醒狀態。試著想像，當你睡著時你是醒的。另一些情形，當你上床時，舒服地躺下，在你快入睡時，想像你在第二天早上醒過來。我不告訴你要尋找什麼。重要的是去實行這些練習——而不只是要得到一般所說的結果。

我說過有不同類的知識：因此這些練習將帶你以另一種方式與知識接觸。做了一段時期後，它們將打開替代的感知方式，因此你可以從不止一個觀點來看你的經驗。這意指你的經驗本身將改變其性質。有時當你醒著而且方便時，想像你這一刻的眼前經驗是個夢，而且是非常具象徵性的。然後試著就此詮釋它。

這些人是誰？他們代表了什麼？如果那經驗是個夢，它又有何意義？在早晨你又將起身到哪一種醒時生活呢？

意識的性質無法被闡明。這些練習將帶你與另一類的知曉接觸，而使你熟悉陌生意識之不同感覺。做過練習之後，你的意識本身就會有一種不同感覺。某些你可能會問的問題，或許在這種狀況裡得到解答，但不是以你能預期的方法，你也不一定能把答案轉譯為已知的用語。不過，我希望讓你熟稔的那意識不同模式，並不陌生。再次，它們在夢境是十分自然的，並且總是在通常的知覺之下作為另類選擇而存在著。

（十點五十八分。）有時候，當你走過一條街，假裝你在空中從一架飛機上看到同樣的景色，包括你自己。在另一個場合，當你坐在自己家裡時，想像你在外面的草地或街上。所有這些練習都應接著回到目前情況：把你的注意力盡可能在目前此刻清楚地向外聚焦，讓實際情況的聲音與景色進入你的注意力。

事實上，其他的練習結果將使你對世界有個更清晰的畫面，因為它們將有助於你感知力的運作，讓你感知到以前逃過你注意、實際情況中的細微差異。我們將與實際的直接經驗打交道。如果你在理性上知覺我說的是什麼，但實際上卻一無所知，那它對你沒好處。因此，這些練習是重要的，它們將對你自己更大的感知能力提出證據。

繼續依賴已知的資訊管道，但同時實際運用這些練習，開始探索未被你認識卻可以取得的那些資訊管道。例如，現在你有什麼自己擁有而不知的資訊？試試預言未來事件。在一開始，不必管你的預言是否為「真」，如此，你將會把意識伸展到平時沒用到的區域。不要將任何利害關係放在你的預言上，如果那樣做，萬一它們沒實現，你將會非常失望，而結束全部的程序。

如果你繼續下去，將確實發現自己覺察到某些未來事件，這種知識以通常方式而言是得不到的。如果你持續下去，那麼經過一段時間，將發現你在某些區域做得非常好，而在其他地方大為失手。會有一些你追隨的聯想模式，成功地導向「正確的」預感。你也將發現這種程序非常涉及情感。你會感知那些為了某種理由對你而言是重要的資訊。那重要性將像塊磁石，把那些資料吸過來給你。

好，在事件的常規裡，你也以同樣的方式吸引經驗。你預期事件，在它們發生前你已覺知——不論你是否成功地、有意識地預言。不過，你透過自己有意識的目標和信念之密切交互影響，而形成你的生活。

（十一點十七分。）雖然一位有天賦的通靈者偶爾可以事前正確感知你的未來，但未來是太具可塑性而無法被框入任何一種有系統的架構。永遠涉及到自由意志。然而許多人怕記得夢，因為他們害怕一個災禍的夢必然會成真。意識的可變性提供遠為廣大的自由。事實上，這樣的夢反而能用來避過這樣的可能性。

只有當你了解在這種區域的自由後，才會容許自己去探索意識的替代狀態（alternate state of consciousness），或夢的國土。不應該用這種練習來取代你所知的世界，而是補充它、完成它，容許你自己去感知它真正的次元。

沒有必要以目前運作的特定方式來分開醒時狀況與夢境——因為它們是互補而非相反的狀況。生活的正常次元有許多是依賴你的夢中經驗的。你整體與象徵世界的熟稔是直接來自做夢本身。

在某方面，語言根植於夢境——遠在語言誕生之前，人就夢到他在說話（熱切地）。

他夢到飛翔，而那推動力導致實質的發明，使得機械的飛行變成可能。在此我並不是象徵性地形容，而是十分真實地陳述。從一開始，我就說「自己」是不受身體所限制的。這意謂著意識有其他方法感知資訊，甚至在實質生活裡，經驗也不被一般方式的感受所局限。然而，除非你容許自己足夠的自由去實驗其他種感知方式，否則這仍然只是很好的理論。

口述完畢。此節結束——除非你有問題要問。

（「沒有，除非你想評論珍心中的一些問題。」）

那就暫停一會兒。讓你的手休息……

（本書的工作在十一點三十五分結束。接著，賽斯評論一些其他珍感興趣的事。）

Chapter 04 與性的成分有關的心靈，他和她——她和他

第七六五節　一九七六年二月二日　星期一　晚上九點二十三分

晚安。

（「賽斯晚安。」）

口述，第四章：〈與性的成分有關的心靈，他和她——她和他〉。那是標題。

現在：對性的扭曲概念，阻止了許多人與內在經驗達成密切的聯繫，然而這些內在經驗卻不斷在平常的意識之下湧動。那麼，看看心靈及其與性別認同的關係是個好主意。

心靈既非男性也非女性（not male or female）。可是，在你們的信仰系統裡，心靈通常被認作是女性的，包括從它的創造性生出的藝術產品也是。在那脈絡裡，白天時光和醒時意識被認作是男性的，包括太陽也是——而夜晚、月亮與做夢的意識，被認為是女性或消極的。以同樣方式，攻擊性通常被理解為激烈的自我肯定行動，是男性中心的，而同時女性成分是與滋養原則（nurturing principle）認同的。

實質地說，除非首先你們有個人，否則不會有男性或女性。那麼，你們每個人首先是獨立的個人。在這之後，以生物性的說法，你才是具明確性別的個人。由於你們所具有的特殊焦點，便對男性和女性加諸了重大意義。你們的手和腳有不同的機能，如果想要集中注意力於它們不同的行為上，你們能以其不同的能力、機能與特性為基礎，建立一整個文化——然而手與腳顯然是屬於兩性的裝備。在另一個層面，這比喻仍是十分適當的。

心靈是男性與女性，女性與男性；但當我這樣說時，我體認到你們一開始就把自己的定義加在這些用語上。

（在九點三十八分停頓。）生物學上來說，性別取向（sexual orientation）是為了綿延種族而選擇的方法。不過，除此之外，沒有任何特定的心理特性附著於那生物機能。我十分明白，以你們的經驗來說，身體與心理的明確不同確實存在。但那些如此存在的特性，是由於安排規畫的結果，而非人類自身與生俱來的，即使從生物性上來看也不是如此。

事實上，人類的活力之所以能夠確保，就是因為人類並沒有在性方面過度專門化。例如，人類沒有固定的交配時期；相反地，人類可以自由生殖，因此在發生不論何種災難時，它都不會被束縛於死板的模式裡而可能滅種。

（長久的停頓，許多次之一。）人類受到的挑戰和問題是與其他族類不同的，需要更進一步的防護措施。較具彈性的交配模式就是其中一種保障。此外，連帶著在個人特性和行為上也有更多的變化，因此沒有一個人是固定限制於一個嚴格的生物性角色。如果那是真的，人類永遠不會關心到超越肉體存活主題之外的事，而事實卻非如此。沒有哲學、藝術、政治、宗教，甚至結構性的語言，人類在肉體上也可以活得很好。他可以追隨完全不同的途徑，但那些將只限於和生物性取向相連的途徑。

那就不會有男人從事所謂女性的工作，或女人從事所謂男性的工作，因為在那種個人行為上，將沒有選擇的餘地。

就此而言，動物的行為有比你們所了解遠為多的空間。因為你們是按照自己的信念來詮釋動物的行為，也以同樣態度詮釋人類過去的歷史。例如，在你們看來，好像女性總是照顧子女，餵養他們，因而她被迫留在家附近；同時男人卻在打退敵人或獵取食物，因此，漫遊的男人看起來要更具好奇心與富攻擊性。事實上，情況並非如此。孩子不是一窩窩地出生。穴居人的家庭是遠比你們所假設更「民主的」團體——男人和女人並肩工作，孩子們跟著父母雙方學習打獵，女人則在途中停下來餵奶。人類獨立於其他動物之外，就因為他在性行為上沒有儀式化（ritualized）。

（十點。）除了男人不能生育的事實外，兩性的能力是可以互換的。男人通常重些，這在某些方面就身體上比較有利——但女人較輕而跑得較快。

女人也多少輕些，她們需要加負一個孩子的重量。當然，即使如此也仍有變數，許多女人比小個子的男人要大些。但女人能打獵打得與男人一樣好。如果同情心、仁慈與溫和是女性特徵，那麼沒有男人能是仁慈或富同情心的，因為這種情感就生物性而言，將是不可能的。

如果你的個人性是被生物性的性別所規畫，那麼你將完全不可能做任何在性別上未被規畫的行為。一個女人不能為人父，一個男人不能生育子女。既然你可以自由去做任何你以為是性別取向的活動，則在那些區域，那取向是文化上的。

然而，你想像男人是攻擊性、積極、有邏輯頭腦、擅發明、外向的文明建造者。你把自我（ego）認同為男性。因此無意識（unconsciousness）似乎是女性了。而女性特徵通常被認定為消極、直覺性、滋養、創造性、非發明性、關心保持現狀、不喜歡改變。同時，你們認為直覺成分相當地嚇人，好像它們能——以未知的方式——爆炸而擾亂已知的模式。

有創造天賦的男人發現自己在某種兩難之局（dilemma），因為他們豐富、感性的創造力與對男子氣概的觀念直接衝突。而那些擁有被認為是男性化特性的女人，在另一方面也有同樣問題。

以你們的話來說，心靈是各種彼此合作特性的寶庫，其中包含了女性與男性成分。人類心靈包含著這樣的模式，可以用許多方式組合在一起。你們將人類的能力加以歸類，因此看來似乎你們是男人或女人，或主要為女人和男人，而其次才是人。但是，你們的人性首先存在。你們的個人獨特性對性別賦予意義，而非其反面。

你們休息一下。

（十點二十三分到十點三十八分。）

好，與一般盛行對過去理論恰好相反的是，相較於現代，穴居人時代在性別方面的分工要少得多。

家庭是個非常具合作性的團體。早期社會的基礎是合作而非競爭。一些家庭聚居在一起，任何時候在這樣一個團體裡，都有各種不同年齡的兒童。當女人即將生產，她們做那些能在洞穴居室或附近做的工作，同時，也看顧其他年幼兒童；而沒有懷孕的女人則與男人們出去打獵或採集食物。

如果一個母親死了，父親就接過她的責任，他內在的愛與親切的品質，與女人內在的一樣活生生。女人生產後，她餵孩子奶，並在採集食物的旅程上把他帶著，或有時讓團體裡的其他女人餵孩子奶。女人往往生產後立即加入狩獵隊，而爸爸在家用動物的皮毛製衣。這容許男人於長期的狩獵活動後得以休息，也意味著家中的成人不會過分筋疲力竭。那麼，工作是可互換的。

（緩慢地：）一旦孩子們能力夠了——女孩與男孩一樣——便立即開始採集食物和打獵，由較大的孩子帶領，隨著他們體力的增加而越走越遠。發明能力、好奇心、智巧等品質，不能只被配給一種性別。人類若有那樣的區分，早就無法倖存。

（十點五十二分。）你們太習慣以機械（mechanics）的方式來思索，因此在你們看來好像是：沒受教育的人不了解交媾行為與生育之間的關係。你們如此習於對生育的一種解釋，這麼熟習一個特定架構，以致替代的解釋顯得全然無稽。因此一般都很相信早期人類不了解性交與生育的聯繫。

然而，不需文字或語言，甚至動物也了解牠們性行為的重要性。早期人類不可能更加無知。縱令沒有課本概括出整個過程，男人也知道他在做什麼，女人了解生孩子與性行為之間的關係。

（熱切地：）若以為女人因懷孕時間長，而不能了解孩子是得自性交，那是極為愚癡的事。身體的知識不需要複雜的語言。就此而言，你們對生產的語文詮釋，在某些標準來看是非常局限的。以你們的方式來說，它在技術上是正確的。

但一對父母生下來的小孩，同時也是地球的子孫，他的細胞的確與任何樹、花或一陣海潮同樣是地球的一部分。一個人類的孩子，對的；但他也是涉及地球全部歷史的後裔——一個新的受造物，不是只由父母而來，且是從大自然的整個完形（gestalt）而來，父母本身一度也從那兒出來。這既是個人而又是公眾的事件。在其中，地球的物質元素變成個人化，心靈與地球合作，成就了一個誕生，這誕生是人性的，以另一個方式來說，也是神性的。

現在：歷史性地說，早期的人以他們自己的方式，遠比你們更了解那些關聯，而當他們發展語言時，首先就用之表達這生之奇蹟。因為他看見自己經常地再補充他的同類，而所有其他物類也以這同樣的方式被補充。

總是有更多的土地。不論跑得多快或旅行得多遠，早期的人都不能耗盡土地、樹木、森林或食物補給。如果他來到一個沙漠，仍知在某處有肥沃的土地——縱使要找到它們是另一回事。但世界本身似乎沒有止境。以一種你們極難了解的方式，它真的是個無涯的世界；對你們來說，世界已縮小了。

（十一點十六分。）這無限的世界經常不斷地再補充它本身。兒童來自女人的子宮。人認識死亡，許多小孩是死胎，或自然地流產了。不過，這也是事物的自然常規，而在那時遠比現在輕鬆做到。並非所有花種都落在肥沃的土地而開花；那些未生長的種子回到土裡，形成其他生命的基礎。生物性地說，胎兒生長發展——我這兒講得很慢，因為我在耍點小花樣——而當天生意識與適當形式合一，健康孩子誕生的條件就對了。當條件不對，孩子不會適當地發展，大自然便使它流產。肉體的元素回歸於土地，而變成其他生命的基礎。

只有那些完美地與時空環境調和一致的孩子才存活下來。舉例來說，如果孩子是自然地流產了，這並不意味著它的意識被消滅了，而只是沒有發展。

雖然沒有交配期，但人類與地球之間，仍有一個密切的、生物上的關係，因此，當氣候情況、食物補給及其他要素有利的時候，女人自然地懷孕。

舉例來說，人類事先知道何時荒季將臨，而自動地改變受孕率以為補償。不受干擾時，動物也做同樣的事。廣義地說，早期人對所有東西似乎都自我繁殖的情況深有所感，而這是第一件引起他注意力的事，後來他用你們當作是神話（myth）的說法來解釋這富足。然而那些神話包含了一種知識，逃過了你們對性事字面的、特定的詮釋。不過，這種知識住在心靈裡。如果你對自己的心靈有任何直接體驗，就極可能發現自己碰到某種事件，而那是不怎麼符合你對自己性別本質的概念的。

你休息吧。

（十一點三十五分到十一點四十九分。）

（這是寫書工作的結束。賽斯透過來給了我幾頁個人資料，而在十二點十五分結束此節。）

第七六八節　一九七六年三月二十二日　星期一　晚上九點四十三分

（上兩節極有意思，但不是給書的口述。兩者都包括了關於自殺的資料，是在聽到我們一位年輕友人自己引致的死亡後給的。我們希望終有一天看到它們出版。

（然而，今晚賽斯開始口述《心靈的本質》，正接上他一個多月前丟下的地方。）

晚安。

（「賽斯晚安。」）

口述：繼續我們性的爐邊談話。（幽默地：）這是題外話——不必為書的一部分，但如果你喜歡的話也可以放進去。

你們對性的信念——以及由之而來的經驗——使你們以非常局限的眼光來看待性。當然，心靈本身的知識是遠為廣大的。意識的改變，或個人方面去探索內在自己的企圖，可以輕易地揭露對某一種性本質（sexuality）的一瞥，而那很可能顯得邪惡或不自然。

甚至當社會科學家或生物學家探索人類性本質時，也是按照顯現在你們世界裡的性本質架構去做的。有些十分自然的性變奏（sexual variations），甚至涉及生殖，那是在任何文化的人類行為裡都還不明顯的。這些變奏只出現在你們世界裡相當精微的層面上，或在不是你們物類的行為裡。

當種族的狀況有所需要，一個人是十分可能同時成為一個孩子的父親和母親的。在這種案例裡，所謂完全自發的性反轉或變形將會發生。在微生物層面，此種過程是十分可能的，而且天生存於細胞結構中。甚至在你們的世界，以目前來說，有些被認作女人的人，能做自己孩子的父親。

（羅註：在這些篇幅裡，賽斯說的是與單性生殖相似的現象：一個未受精的卵、種子或孢子的繁殖，如在某些苔蘚蟲、昆蟲、藻類等的情況。也有人工的無性生殖，來自機械地或化學地刺激一個卵的發展。）

一些被認作男人的人，可能生育小孩，而由同一個人做父親——可能。能力是在那兒的。

男—女、女—男的取向，並沒像你們目前經驗裡那樣的分開。它不像你們所假設那樣地與心理特徵相繫，也非如它現在表現的、與生俱來集中於某個年紀。青春期會來，但它到來的時間則依族類需要、其狀況和信念而有所不同。你一輩子都是一個個人。一般而言，你只在那時間的一部分裡運作為一個能生殖的個人。

（在十點一分停頓。）在那段時間，許多因素都開始作用，意在使這過程吸引涉及的個人、他們的部落、社會或文明。那種環境下，一個相當強的「性別」認同是重要的——但（較大聲）在這之前或之後，與性別的過分認同可能導致樣板化的行為，在其中，個人不容許完成其更大的需要和能力。

由於你們的價值判斷常常缺乏——如果你不見怪——所有自然的常識，因此這些就變得很複雜了。你們不能將生物性與自己的信念系統分開，那相互作用太重要了。如果每次的性交都意在製造小孩，那麼早在你們開始前就已溢出了這星球。因此性活動也意在享受，作為純粹熱情洋溢的一種表現。一個女人會常感覺，在月事期間，正當最不易受孕的時候，她在性方面卻最活躍。這裡用上了各種反對性關係的禁忌，尤其是在所謂的土著文化中。在那些文化裡，這種禁忌很有道理。這樣的人們正在建立人類存貨，他們直覺地知道，如果性關係被限制在受孕最容易發生的時期，人口將會增加。血是一個明顯的記號，那個在月事的女人是比較「不易受孕的」，她的豐富不見了。在他們心裡，那段時期她的確是「受詛咒的」（強調地）。

我以前會說過關於你們所謂自我意識的成長——讓我再說一遍，它有自己獨特的報償。那個心理上的取向，將把人類導向另一種同樣獨特的意識。

不過，當那過程開始時，自然的深沉威力必須「被控制」，以使成長中的意識能明白，它自己是與這自然根源分開的。然而，對人類如此必要的兒童繼續從女人的子宮裡生出來，因此那自然根源是最清楚明白、能被觀察，而不可否認的。為那理由，人類——不單是男人而已——對女人的行為和性安置了那麼多禁忌。在「壓抑」其自己的女性成分裡，人類試圖獲得與偉大自然根源的一些心理距離，因為，為了自己的理由，人類試圖從這根源露出頭來。

（在十點二十五分停頓。）你要休息嗎？

（「不要。」）

在目前經驗的世界裡，當你到達老年時，性方面的不同就不那麼明顯了。有些女人表現出你們認為是男性的特徵，臉上長毛，嗓音較沉，或身形變得有稜有角；同時有些男人的嗓音比以前要輕且柔和，他們的臉變得較平滑，而身體的線條柔和下來。

在青春期之前，有同樣彷彿的不分明。你們強調性別認同的重要，因為在你們看來，似乎一個年輕孩子必須知道，他將以最精確的方式長成男人或女人——（較大聲：）甚至連最小的細節也得嚴守規則。

最細微的偏離也被驚慌地看待，因此，個人身分與價值完全維繫於女性或男性身分的認同上。大家期待每種性別的人有完全不同之特徵、能力和表現。於是，一個不感覺自己是十足男性的男人，就不信任他作為人的身分；一個懷疑自己不是完全女性的女人，也同樣不信任她人性的完整。

女同性戀者或男同性戀者，是處在非常不穩定的心理基礎上，因為他們覺得最為個人所擁有的興趣與能力，卻正讓他們顯得是性異常者（sexual eccentrics）。

這些是夠簡單的例子。但一個擁有被你們文化認為是女性化興趣的男人，他自然地想要進入被認為是女人的園地。在他作為一個人的感覺和身分，與他由文化來定義的性別之間，他體驗到強烈的衝突。當然，同樣的情形也適用於女人。

由於你們過分誇張的焦點，使你們相對地對「性」的其他方面變得盲目。首先，性本身並不一定導向性交，它可導向不會製造小孩的行為。你們所認為的女同性戀或男同性戀的活動，在生物學或心理學上來說，是十分自然的性表現。在更「理想的」環境，這種活動會盛行到某個程度，特別是在主要的生殖年齡之前或之後。

為那些咬文嚼字的讀者，這並不指這種活動在這種時期將成為主流。但它的確意指並非所有的性活動都是以生育為最終目的——那在生物學上是不可能的，也會成為這個星球的慘禍。因此如果你願意這麼說，人類被賜福得以享受許多性表現的不同途徑（較大聲）。現在占主要勢力的強烈焦點，的確阻礙某些種類友誼的形成，那是完全不一定會導致性活動的。

女同性戀和男同性戀，如他們目前所經驗的，也代表自然傾向的誇大版本，縱令你們對異性戀經驗的版本也是誇張的。

休息一會兒或結束此節，隨你的便。

（「我們休息一會兒。」

（十點五十分。在休息後，賽斯回來給了珍和我一些極佳的資料。其中包括有關他與我們的關係，以及他的書在我們生活中地位的討論。在十二點五分結束。）

第七六九節　一九七六年三月二十九日　星期一　晚上九點二十分

（珍打完了她的書《心靈政治》的稿子，且曾收到有關她現在稱為《保羅・塞尚的世界觀》的更多資料。她每天黎明即起（整個冬天都是如此），寫作並享受一天的開始。

（在今晚的課之前，她和我討論關於人類性本質的賽斯資料之重要性，希望他會擴展它。）

現在：晚安。

（「賽斯晚安。」）

口述：所謂兩性戰爭及其延伸事件，是不「自然的」——在那脈絡裡，同性成員之間的打鬥也不自然。舉例來說，即使在動物之間，當牠們在自然狀態時，雄性也不會為雌性搏鬥至死。

我以後會說明我所謂「自然的」意思。不過，舉例來說，當你觀察動物行為，甚至在看似最自然的環境裡時，你並不是在觀察這種生物的基本行為模式，因為那些相形之下較為孤立的區域存在於你們的世界裡。原因很簡單，若有一兩個或二十個公設的自然區，你在其中觀察動物的活動，所看見的是那些生物對現狀的調適——一個加於牠們「自然的」反應之上的調適，此外你無法再期望看見什麼。

天然資源的平衡、動物漫遊的模式、遷徙、氣候狀況——所有這些都必須納入考慮。這種孤立的觀察區，只會帶給你一個自然行為扭曲了的畫面，因為動物也是被囚禁在其內的。文明四面八方包圍著牠們。

其他的動物不允許進入。被獵者與獵物受到非常管制。所有範圍的動物行為都被改變，以盡可能地適合環境，而這包括性活動。到某個程度，動物被「在改變的世界」所制約（conditioned）。且說人顯然是自然的一部分，因此你可以說：「但那些他帶來的改變也是自然的。」不過，當他研究這種動物行為，並且有時用動物的性模式來對人類性行為說明某些要點時，那麼人並沒有把這點考慮進去。而說得好像是，現在觀察到的動物行為，指明了牠們主要或基本的生物天賦本質。

（九點三十五分。）那麼，男人為女人打鬥是不自然的。這是一個純粹文化的、學得的行為。以我們了解的歷史來說，人類不能承受這種誤用的精力，也無法承受這種經常的敵對。

每種族類都涉及合作性的冒險，所有地球上的存在最終都建立其上。你們把目前的信念反投射（project）回歷史裡，而誤解許多你們在自然界觀察到的情況。我所提到的合作，是建立在愛上的，而愛有個生物性的基礎，正如愛有個靈性的基礎一樣。舉例來說，你們的信念使得你們否認在動物裡存在著感情，而任何在牠們之間愛的例子，被編排為「盲目的」本能。

到某個程度，教會與科學家們一樣有責任，但神父和科學家並非什麼外來的人，無緣無故強加在你們身上。他們代表你們自身的各個不同面向。當人類發現，必須某程度把自己從環境及其他生物裡獨立出來時，他發展了自己的這種意識。結果是，宗教宣稱只有人擁有靈魂，且因具有情感而高貴。在另一方面，科學也配合得很好，主張人活在一個機械的世界，每個生物都由無懈可擊的本能機器來驅策，對痛苦或欲望同樣無知。

可是，那形成所有生命基礎的愛與合作，以許多方式顯示自己。性代表其一面，而且是重要的一面。廣義來說，一個男人愛一個男人，以及一個女人愛一個女人，是與向異性示愛同樣地自然。就彼而言，雙性（bisexual）是更自然的。那樣才是人類「自然的」天性。

反之，你們已把愛放入非常確切的分類裡，因此只在最受限制的條件下，它的存在才是對的。愛走入地下，卻以扭曲的形式與誇張的傾向湧出。在不同的時代，你們為了不同的理由遵從這條路。沒有哪個性別該受責備。你們性的情況，只不過是意識情況的一個反映。作為一種族類，至少目前在西方世界，你們視性與愛相等。你們想像性是愛的唯一自然表達。換言之，愛，似乎必須只透過對被愛者的性器官作某種方式的探索（幽默而聲音較沉地）來表達。

不過，這還不是置於愛的表現上之唯一限制。有無數的書給予指導，每個都宣稱它所說的方法才是正確的；某種高潮是「最好的」。更有進者，只允許在異性之間有愛的表達。一般而言，這些人還多少必須是同年齡的。此外還有其他的禁忌，包括種族或文化、社會與經濟的限制。如果這些還不夠，那麼，大多數人根本相信性是錯的——一種靈性上的降格，只為人類的綿延才為神所容許。

（在十點二分暫停。）既然愛與性被視為相等，明顯的衝突升起了。母愛是唯一被認為健全的一類，因此在大半情形下是非性的。一位父親能為了對孩子的愛而非常有罪惡感，因為他被訓練去相信愛只能透過性來表現，不然就沒有男子氣概，可是與自己孩子的性行為卻是禁忌。

創造性跨在愛的浪潮上。當愛被否定其自然表現時，創造性受到創傷。你們的信念，導致你們假設自然的雙性將造成家庭破碎、道德淪喪、性罪行橫流，以及失去了性別認同。可是我要說，上面這一句適當地形容了你們目前的情形（帶著無表情的幽默）。接受人類自然的雙性，終將有助解決不只是那些問題，還有許多其他的問題，包括大規模暴力、謀殺行為。不過，以你們的話來說，在你們的情況裡，將不太可能有任何輕易的轉變。

親子關係有自己獨特的情感結構，甚至勝過了那些你們置於其上的扭曲而活了過來。如果更強調你們的雙性本質，它古老的完整性將不會被削弱，反而會強化。如果古老的雙親特質不是如此強行地集中於母親身上，孩子會過得好得多。這本身導致對母親不健康的過分依賴，而形成母親與孩子間一種不自然的聯盟來對抗父親。

你們可以休息一下。

（十點十六分到十點三十八分。）

現在：異性戀是雙性的一個重要表現，而在性方面代表生殖的能力。然而，異性戀建立在雙性基礎之上，而（熱切地）人若沒有雙性本質的話，家庭的較大架構——氏族、部落、政府、文明——將是不可能的。

那麼，基本上，人類天賦的雙性提供了合作的基礎，使得肉體存活及任何種類的文化交流成為可能。如果「兩性戰爭」是如所假設的那麼普遍，並且那麼自然而兇暴，則男女之間真的不可能為任何目的合作。在男人之間或女人之間也不可能，因為他們將會經常處於彼此交戰的狀態。

在人一生的自然生物性流程上，有不同強度的各種時期。在其中，愛及其表達會波動變化，且傾向於不同的方向，這當中也有很重要的個人變奏。可是，這些自然的韻律很少被觀察到。在小孩間，女同性戀或男同性戀的傾向十分自然，可是，大家這麼怕它，以致通常同樣自然的異性戀傾向也被阻擋了。反之，年輕人被套入了樣板。

個人的創造傾向，常常在少年期以強烈的方式顯露。如果在不管哪個性別裡，那衝動在其表現上與期待於他或她的性別不一致，那麼這樣的年輕人變得困惑了，創造性的表現似乎與期待的性標準直接衝突。

我不是說女同性戀和男同性戀只是導向異性戀的階段。我是說，女同性戀、男同性戀與異性戀都是人的雙性本質之合理表現。

（在十點五十四分，緩慢地：）我也是強調愛與性不必要是同一件事這個事實。性是愛的表現，但它只是愛的表現之一。有時以別的方式表現愛，是相當「自然」的。然而，因為「性」這個字的內涵，對你們有些人而言，可能好像我在提倡一種亂交的關係。

反之，我是說生物性和精神性之愛的更深結合，是在所有個人與文化關係之下的基礎，這種愛超越了你們對性的概念。異性戀的愛，至少如你們所了解的，給你們親子的家庭——一個重要單位，在它四周形成別的團體。可是，如果只有樣板概念的男女關係在運作，就沒有足夠力量的結合力或刺激，把一個家庭與另一個家庭鑄合在一起。男人之間的敵意會太強烈，女人之間的競爭會太嚴重。而在任何傳統能形成之前，戰爭將掃光掙扎中的部落。

在社交世界與顯微鏡下的世界，合作都是至高無上的。只有基本的雙性能給人類所需的空間，而阻止某種會妨礙創造力與社交的樣板行為。那基本的性本質容許個人能力的完成，因此人類不致淪於滅絕。因此，人對自己雙性本質的認識在未來是必要的。

再次的，兩性之間有顯然的不同，但那些是不重要的，它顯得如此巨大只因你們如此集中焦點於其上。人類的偉大品質：愛、力量、同情、智慧和想像力，不屬於任一性別。

（十一點十三分。）只有對這天生雙性本質有所了解，才會釋出在每個不論是男人或女人中的那些品質。當然，那些同樣能力是每個種族成員的自然特徵。不過就與性別方面一樣，你們曾持續地在種族方面立下同樣的區分，因此某個種族在你看來顯得是女性或男性。那麼，你們把對性的信念投射到國家上，而用在國家和戰爭的術語，往往與用來形容性的術語是一樣的。

例如，你們談到統治與歸順、主人和奴隸、一個國家的被強暴——在戰爭與性上用到相同字眼。

男人和女人都是人類種族——或族類，如果你較喜歡這樣說——的成員，因此這些區分是人類放在自己身上的。再次，它們是當人類實驗其意識路線時所發生的區分，帶來了自身與其餘自然界表面上的分離。

休息一下。

（十一點二十四分到十一點三十三分。

（在給珍一些資料後，賽斯在十二點九分結束此節。

（我們倆都十分高興賽斯傳遞了關於性的資料，因我們曾收到許多男男女女的信，他們對性別認同感到困惑，常因為自己女同性戀或男同性戀的傾向，而被罪惡感壓倒。）

第七七〇節　一九七六年四月五日　星期一　晚上九點四十一分

（沒有進一步的問候，幽默地：）性論。

（「很好。」）

你的身分根本不依賴你心理或生理上的性別。

你的性特徵代表你人性的一部分。它們提供重要的表達範圍，以及將經驗分類集組的焦點。你的性特質是你本質的一部分，但並不界定你的本質。

可是，你們的信念如此個人並集體地構成了你們的經驗，因此相反於那些概念的證實性資料不是很少，就是以扭曲或誇大的形式顯示它自己。在生物與心理上，以某種不為你們社會接受的方式運作是十分自然的，而那似乎與你們對人類歷史的想法相違背。那麼，就你們的定義來說，有些人在性行為上像個男人、而心理上像個女人是十分自然的，而其他人以相反方式運作也是十分「自然的」。

再次的，因為你們指派心理特徵與男性或女性的性別相連，所以這也許看似很難了解。永遠有人自然地尋求為人父母的經驗，他們並不必要在任一特定時期都是異性戀者。

人性較廣大的模式要求一個雙性的聯繫（affiliation），允許在性的遇合上有其空間，這個空間提供了一個架構，個人能在其中表達感覺、能力和特徵，而那是跟隨個人心靈的自然傾向，而非性的樣板。在此我所說的不是那麼簡單的事，好比只是給女人更多自由，或把男人從傳統養家餬口的角色中解放出來。我的確不是談論如人目前了解的「開放婚姻」，而是遠為重大的問題。不過，在我們能考慮這些之前，有幾點我想要說明。

（九點五十八分。）有些生物性上的可能性，很少在你們目前的環境裡發動，而與現在所說的主題有些相關。

青春期（puberty，譯註：通常指春情發動期，男孩約在十四歲，女孩約在十二歲）在某個時間來到，被與自然界情況有關的深層機制所發動，這機制與人類的狀況，及以某種說法你們轉置於自然界之上的那些文化信念有關。在其他方面，你們的文化環境當然是自然的。那即，青春期到來的時間有所不同，而在這之後，就可能生育子女。然後，到一個時間，這段時期會結束。在所謂的性活動期，人性較廣大的次元被嚴格地窄化到性別的樣板角色裡——而本體的所有面，其不適合的都被忽略或否認。事實是，很少人能適合那些角色，他們大半是對傳統上所了解的宗教詮釋之結果。而科學家雖然看來好像很獨立，卻往往只是為無意識持有的情感信念，找到知性上能接受的新理由。

生理上有一段很少被經驗的時期，如在「噁心的笑話」裡玩笑性地對老年與第二次童年的暗示。這特定的潛在生物能力，只顯示在稀有的例子裡——因為一方面，它代表現在很少受歡迎的一件事。不過，生理上來說，當身體接近老年時，它是十分可能完全地再生的。的確，一個十分合法的第二青春期是可能的，在其間，男人的精子是年少力強而活力充沛，而女人的子宮是柔韌而有能力生育的。我相信聖經上有這種生育的故事。

在人口過剩的時代，這種機制大概是不被希冀的，但它是人類現今被擱置的一部分，代表自然的能力。在你們世界的某些地區，孤立的人們活過了百歲年紀，強壯而有活力，因為他們沒被你們的信念所觸及，也因為他們與自身所知並了解的世界是和諧共存的。於是，當一個小團體企圖維持自己的生物性姿態時，這種第二青春期偶爾發生，並且因而生下孩子。

（十點十八分。）通常第二青春期與第一次一樣地跟隨同樣的性別取向，但並非永遠如此——因為十分可能新的性聯繫與第一次相反。這是更少有的——但人類如此做以保護自己。

透過醫學技術，你們有些老人被維持活得夠長，使這種過程得以開始，卻以扭曲的形式出現。有時在心理上很明顯，但在生理上受到挫折。於是，第二青春期是「此路不通」的，它沒地方可去。當前，它在生物性上既不合時宜也不被需要。

若不去干涉，這些人有的可能帶著滿足感死去。當用醫學技術維持他們活下去時，肉體的機制繼續奮鬥使身體重生，帶來這第二次青春期——就自然情況只會在不同的條件下發生，而在心智上是遠為警醒、並且意志力是沒受損的。到某個程度，在這天生固有、很少被察覺的第二青春期和癌症發展之間有所關聯——在癌症裡，以一種誇張的方式，「生長」變得特別明顯。

（長久的停頓。）等我們一會兒……幾乎在所有這種涉及癌症的案子裡，精神與心靈的生長都被否定了，或這個人感覺他不再能於個人或心靈上適當地生長。這生長的企圖便發動了身體機制，而結果是某些細胞過分生長了。這個人堅持不是生長就是死亡，而強迫造成一種人為情況，其中生長本身變成了身體上的災難。

這是因為一個阻塞發生了。這個人想要在個人方面有所生長，但又怕這樣做，總是有自身的不同情形必須列入考慮，但通常這樣一個人覺得自己是本身性別的殉難者，被囚禁而不能逃避。這顯然可以適用於性器官的癌症上，但背後的原因通常與任何這種情形有關；由青春期的性問題而開始的那些問題，使得能量被阻塞了。能量被體驗為性能量。

且說，被認作老化、或無法料理自己的老年人，有時經驗到性活動的新湧現，而這沒被給予出路。除此之外，他們已失去從前用以表現精力的傳統性角色。

常有未被留意的荷爾蒙改變。許多人在衝動時——有些不僅是性方面的，也是知性方面的——表現出一種神經質、奇怪的行為。新的青春期（adolescence，譯註：通常男為十四～二十五歲，女為十二～二十一歲）永遠不來。新的青春期死得很慢，因為你們的社會沒提供可藉以了解它的架構，而的確它以一種可能會看似最醜怪的扭曲方式顯現。

你們休息一會兒。

（十點三十九分到十一點二分。）

現在：愛是一個生物性的必要，一種或多或少運作於所有生物生命的力量。沒有愛就沒有對生命的實質承諾（physical commitment）——心靈無所憑藉。

愛存在，不論它有沒有性的表現，雖然很自然的，愛要求表現。愛，意含忠實，它意含承諾。這對女同性戀者、男同性戀者與異性戀者一樣適用。不過，在你們的社會裡，身分如此與性的樣板相關，以致很少人足夠認識自己，而能了解愛的本質，及去做任何這種承諾。

目前一個過渡時期正在進行，其間女人們似乎在尋求一般較常給男人的亂交性自由。大家相信男人是天生的一杯水主義，被性刺激激動，而幾乎完全沒有任何補充性的「更深」反應。於是男人被認為，不論對所涉及的女人有沒有任何愛的反應，他都要性——或有時渴欲她正就因為他不愛她。在這種案例，性變成不是愛的一種表現，卻是一種嘲弄或輕蔑的表現。

因此女人常常接受了這些觀念，而尋求一種情況，她們也可以自由地公開表現性欲，不論有沒有涉及愛。然而忠誠是愛的夥伴，靈長類於不同程度呈現此種證據。男人特別被教導把愛和性分開，因此當他過生活時，產生了一種撕開他心靈的精神分裂情況（schizophrenic condition）——以應用性的術語來說。

性的表現被認為是男性的，同時愛的表現卻不被認為是男子氣的。於是，在某個程度，男人感覺被迫分隔愛的表現與性的表現。女人如果跟著走同樣的路，將會是很慘的。

這個重大分隔會導致你們主要的戰爭。這並不意味單單男人要對戰爭負責，但那的確意指男人把自己與愛和性的共同基礎分離得太遠，以致被壓抑的能量以那種侵略行動——文化強暴與死亡——出現，而非由生育。

當你觀察動物王國時，假設雄性盲目地選擇，由「愚蠢的」本能所引導，因此全盤來說，某個雌性與任何其他雌性都一樣可以。舉例來說，當你發現某種化學藥品或氣味能吸引某種雄性昆蟲，你理所當然地認為那是把雄性昆蟲吸引到雌性昆蟲的唯一要素。換言之，你理所當然地認為在此種離自己實相這麼遠的案例裡，個人間的不同並不適用。

你根本不能了解這種意識的本質，因為你是依照信念詮釋牠們的行為。這已夠悲哀了，而你們甚至還常用這種扭曲的資料，更進一步地界定男性與女性行為的本質。

在如此扭曲了你們的性觀念時，更進而限制了人類忠誠的偉大能力，那永遠是與愛和愛的表現相連的。女同性戀與男同性戀的關係，於是至多也只能是模稜兩可的，被混淆的情感弄得過度緊張，很少能維持一種允許個人成長的穩定性。異性戀的關係也破裂了，因為每個夥伴的身分變得以性角色為根基，而那角色對當事者並不一定適用。

既然你覺得性是愛唯一適當的表現，卻又相信性和愛是分開的，那麼，你陷入了兩難之境。這些性的信念就國際關係而言，遠比你想像的更重要。因為作為一個國家，有的企圖採取一種自認為男性的姿態，例如，蘇俄就是如此；印度則採取一種女性的姿態——且以你們的信念來說。

休息一下。

（十一點三十五分。珍說：「我仍半在出神狀態，但我想書的口述已完……」

我給她一罐啤酒。然後，在十一點三十七分：）

小註：一個有任何一種生長——例如腎結石或潰瘍——的男人，都具有他認為是女性化的傾向，因而有「依賴性」，同時他又感到可恥。以一個仿冒的生物性慶典，他產出本來在他身上沒有的東西，那程度可說是生育。在潰瘍的情形下，胃變成了子宮——充血、生出爛瘡——他藉此詮釋了男人想表示女性特徵的一個「醜怪」企圖。

口述結束。

（十一點四十一分。賽斯現在傳遞了五分鐘的資料給珍，而於十一點四十六分結束此節。

（珍說：「今晚我精力不足，但現在關於潰瘍的事，他有一大堆資料可給，都在那兒。與其結束此節，也許我應稍事休息，看他是否會回來……」

（她累了，卻也非常興奮，我看得出來。不過我們決定結束此節。）

Chapter 05 心靈，愛，性的表現，創造性

第七七一節　一九七六年四月十四日　星期三　晚上九點五分

現在——

（「賽斯晚安。」）

——晚安。

你們關於性的概念，及對心靈本質的信念，常常畫出一幅具有非常矛盾成分的畫面。

心靈以及它與性的關係，影響了你們對健康與疾病、創造性及個人生活等所有通常範圍的概念。因此在這一章，我們將考慮其產生的一些寓意。

此章標題：〈心靈，愛，性的表現，創造性〉。

等我們一會兒……再次的，在你們說來，心靈包含了你們會認之為男性或女性的特徵，同時它自己卻非男性或女性。

以那種說法或那方面來說，心靈是一個庫存，而性別的屬性則從中提取。可是，基本上，沒有清楚、固定、人性或心理的特徵是特屬某一性別的。再次，這會導致一個對人類發展來說太刻板的模式，而給予太專門化的行為模式，使得你們作為一種族類，尤其無法應付可能有的許多不同種類之社會族群。

心理測驗只為你們顯示目前男與女的畫面——自幼便以特定的性信念培養長大的。當然這些信念自幼即灌輸給孩子，使他們在成人時以某種模式來行事。男性彷彿在數學難題及所謂邏輯性的精神活動上表現較佳，同時女性在社會網絡、價值發展與個人關係上表現較佳。男性在科學上表現較好，女人則被認為直覺較強。

（九點二十分。）許多讀者可以明顯看出，這是個習得的行為。你也不能教一個男孩成為「堅強緘默型的男人」，而後又期待他在語言或社會關係上出人頭地。你不能期望一個女孩顯示「強烈的邏輯思想發展」，卻又教導她一個女人是直覺的——直覺是反邏輯的，而她必須不計一切代價的女性化，或非邏輯的。這是相當明顯的。

不過，孩子生下來並不是一塊海綿，空白且準備好吸收知識，而是已經吸滿了知識。可以說，有些將浮到表面，而被有意識地利用；有些則否。我在這兒說的是，到某程度，孩子在母胎中已經知覺到母親的信念和資訊，而到某程度它是「被設定程式」（programmed）以某種模式來行動，或因而將以某種模式成長。

基本上，人類大致來說是如此自由自在，具有如此多的潛能，以致必須由母親的信念提供某種架構，容許孩子向可欲的方向集中能力。那麼，他事前就知道自己將要生在其中的生物、精神和社會環境，多少已準備好向某一方向生長——一個對他可行且適合他條件的方向。

對嬰兒性別本質的信念，當然是嬰兒預設程式（advance programming）的一部分。在這兒我們說的，並不是強迫的生長模式，或印在他身上的心靈或生物方向，以致任何後來的歧異都導致無可避免的緊張或痛苦。事實是孩子接受溫和地將他輕輕推向某個生長方向的行為模式。當然，在正常的學習裡，雙親也都會慫恿孩子以某種模式來行為。可是除此之外，某些一般的、習得的模式，是由遺傳因子傳到孩子身上的。除了一般所知之外，某些種類的知識也由遺傳因子傳送，那是與細胞形成之類有關的事。

（在九點三十五分停頓。）等我們一會兒……如人類一向的發展，人類的倖存是與信念有關的一件事，這是遠超過一般所了解的——因為某些信念現在已是與生俱來的了，它們變得與生物性相關而傳送下去。在此，我指的並不是如心電感應的傳送，卻是將信念轉譯成肉體密碼，而後變成生物上的指示。結果以生物性來說，一個男孩較易以某種既定態度行動。

舉例來說，如果女人曾感到她們生物性的存活，是依靠某種屬性的培育而非其他屬性，那麼這個資訊就變成染色體的資料，它對新有機體的發展，就與任何涉及細胞結構的肉體方面資料一樣重要。

母親提供給一個男性後代同類的訊息。父親在每個例子裡也貢獻了他的一份。那麼，世代之後，某種特徵看來就對男性或女性是很自然的了，這些按照該文明和世界情況的不同而有某些程度的變化。不過，每個人都是極具獨特性的，因此這些行為模式會有變化。它們的確能在一代中被改變，因為每個人的經驗都改變了原始訊息。這提供了重要的空間。

那孩子也只是用這種訊息作為指導，作為建立早期行為的一個前提。當心智發展時，孩子立即開始質疑早期的假設。這個對基本前提的質疑，是你們與動物世界之間最大的區別。

再次，以你們的話來說，心靈於是包含了女性與男性的特徵。可以說，這些具有很大的空間，並以許多不同的比例被一起放在人類人格裡。

盡量簡單地說，存在是來自於「愛」這股力量。在此書後面，我們將更透徹地思量這聲明。愛尋求表現與創造。性的表現是愛找尋創造性的一條路。不過，卻非唯一的路。愛透過藝術、宗教、遊戲與對別人的有益行動來表現。它不能被局限在性的表現，而關於一個正常成人應多常以性表現自己，也不能定下規則。

許多被自己及他人指為同性戀者的男人，想要做父親。他們的信念及你們社會的那些信念，令他們想像自己必須一直是異性戀者，或同性戀者。許多人對女人感到一種欲望，而那也被壓抑了。你們的男性或女性取向，以一種你們不了解的方式限制你們。舉例來說，在許多例子裡，溫和的「同性戀」父親對於男子氣概，比一個異性戀男人有更好的天生概念，後者相信男人必須殘酷、不敏感，且具競爭性。可是，這兩種都是樣板化的形象。

愛可以很合法地藉藝術來表現。這並不指這樣一個人在任一既定案例裡是壓抑了性，而偷了性能量來創造性的產品——雖然，這當然是可能的。在任何藝術領域裡，許多天生藝術家正常地透過這種創造的努力來表現愛，勝過透過性行為來表現。

（十點五分。）這並不是指這種人從沒有過愉快、甚至持久的性遇合。而是指大致而言，他們愛的衝激是透過藝術的產品表現。透過藝術，愛尋求一種非肉體方面的聲明。

任何時候，從事任一種藝術的偉大藝術家，直覺地感受到超乎特定性別的私密人性。只要你把本體與你的性別視為相等，就限制了個人和人類的潛能。每個人通常會發現較容易以一個男人或女人、女同性戀者或男同性戀者的身分運作，但每個人根本上是雙性的。雙性暗含雙親性（parenthood），就與它暗含女同性戀或男同性戀的關係一樣。再次的，性的遇合是愛的表現之一個自然部分，但並不是愛的表現之極限。

因為加諸女同性戀或男同性戀上的暗示，許多十分良好的非性關係（nonsexual relationship）被否認了。被自己或社會指為不是異性戀者的人，也被排除於許多異性的關係之外。被這樣指認的人，常常只因被迷惑所驅使，而只透過性行為來表現他們的愛，感覺被迫去模仿他們認為自然的男性或女性樣子，有時候成了可笑的低劣諷刺畫。這些低劣的模仿激怒了被模仿的人——因為它們帶著對實情這樣的暗示，而如此巧妙地指出，許多異性戀者誇張的男性化或女性化，被用以箝制自己的天性。

你們休息一下。

（十點二十九分到十點三十七分。）

現在：歷史上有些時期，實際地說一個男人有許多妻子是合適的，以便如果他死於戰爭，他的種子可以種在許多子宮裡——尤其是當疾病常在男人和女人尚年輕時就把他們擊倒的時候。

當物質條件惡劣時，這種社會傳統常會出現。在人口過剩的時代，所謂男同性戀和女同性戀的傾向會浮上枱面——但也有以其他非肉體方式來表現愛的傾向，以及大的社會問題及挑戰的浮現；以使男人和女人能投入他們的精力。聖經中有些「失落的」部分是與性有關的，還有關於基督對它的信念，不過那被認為是褻瀆的，而沒有藉由歷史傳給你們。

再次，透過性行為表現愛是自然的——自然並且良好的。可是，只透過性行為來表現愛是不自然的。佛洛依德的許多性概念並沒反映人的自然情況。他所概括並予定義的情結（complexes）和精神官能症（neurosis），是你們傳統和信念的產品。你們在觀察到的行為裡，會自然地為它們找到一些證據。許多傳統的確是來自希臘，來自偉大的希臘劇作家，他們把希臘傳統觀點的心靈特質，絕美而悲劇性地呈現出來。

男孩並不自然地想「廢立」父親。他想要勝過父親；他尋求完全地做自己，就好像在他看來，父親是完全地做自己那樣。為了自己，並且為了父親，他希望能勝過自己和自身能力。

當他是個孩子時，一度以為父親是不會死的，以人類的說法——父親不會做錯。他試想為父親做出這樣的證明，因此努力使自己也不做錯，或也許完成父親看似可能失敗的事。男性試圖為父親辯白，比去毀滅他或以消極方式嫉妒他要自然得多。

（十點五十四分。）那孩子只是個男的孩子，並不像常常假設的那樣，為母親而嫉妒父親。男孩子並沒擁有一個如此貫注於其男性的本體。我並不是說兒童沒有一個天生就有的性別天性，他們只不過以你們假設的方式貫注在其男性或女性上而已。

對男孩子而言，陰莖是屬於他個人的一樣東西，就如一隻手臂或大腿那樣，或他的嘴或肛門那樣。他不把它當作一件武器（幽默地）。他不會嫉妒爸爸對媽媽的愛，因為他十分了解，她對他的愛也是一樣強烈。他並不像目前成人們假定的那樣，想在性上占有母親。他不了解那些用語。也許有時他會因得不到她的注意力而嫉妒，卻非一般認為的那種性的嫉妒。你們的信念使你們對兒童的性天性盲目。他們是喜歡自己的身體，也有性亢奮。不過，其心理上的寓意並非成人指稱的那些。

那些涉及兒子與生俱來和父親的敵對，以及兒子必須推翻父親的信念，不過是遵從文化和傳統、經濟與社會的模式，而非生物或心理的模式。上述概念卻被隨手抓來解釋那些既非天生、也與生物性無關的行為。

（十一點五分。這即為口述的結束。給了珍和我一頁的資料後，賽斯在十一點十八分結束此節。）

第七七二節　一九七六年四月十九日　星期一　晚上九點十八分

口述。

（「好的。」）

以一種說法，人類在不同時代處理不同的重要主題。也許有次要主題穿插其間，但人格本質、宗教、政治、家庭及藝術——都從主要主題的觀點來考慮。

以通常歷史的說法，人類曾以自己這種獨特的意識來實驗，而如我曾多次提及的，這使得在對象與感知者——自然與人——之間必須有個武斷的分隔，而導致一種情況，即人開始自認他是與其餘存在分開的。

你們所認為男性自我取向（ego-oriented）的特徵，只不過是族類鼓勵的那些人類屬性，被帶到前景來而予以強調。實際上，你們長久以來用那些作為指導原則來看世界，並形成你們的文化。也有些引人矚目的例外，但這裡我是談歷史上的西方世界，連同它的羅馬和希臘傳統。於是你們的神祇變成了男性的、好勝的。你們看見人類對抗自然，及人對抗人。你們認為希臘悲劇很偉大，因為它們如此堅定地成了你們信念的回聲。人被看作以直接方式與自己的父親敵對。家庭關係變成這種信念的一面鏡子，而那些信念當然被視為關於人類情況的事實聲明。你們因而有非常兩極化的男—女觀念。

那麼，那些你們所認為女性的特徵是非主要的，因為它們代表人類尋求從中獲得釋放的自然根源。再次，到某個程度，這是一個具高度偽裝之真實且具創造性的性戲劇，以其自己的方式，人類的意識在玩賭注很高的遊戲，而這戲劇必須被相信。

（在九點三十四分停頓。）人類的意識在尋求一種增殖，從自己的來源形成新的分支。它必須假裝不喜歡及否定那來源，正與一個少年可能有一陣子為了追求獨立，而避開父母一樣。在所謂的希臘與羅馬文化開花之前，意識還沒有達成那種專門化。有很多男神、女神以及神祇，在其天性裡，女性與男性的特徵相混合。也有半人半獸的神。那時，人類還沒考慮引領西方文化風騷的主題。

這些改變首先在人的神祇故事裡發生。當人類將其自身從自然中分離，動物神也就開始消失。人首先改變他的神話，然後改變反映神話的實相。

在那之前有各種不同的分工，但在性表現上有很多空間。兒童是家庭的必要部分，因為一個家庭是一隊相屬的人，他們合作以找尋食物與庇護所。

如你們所說男同性戀或女同性戀的關係，相當自由地存在，並且是同時存在。不論有沒有性的表現，這些被認為是中肯的，而形成了如兄弟姊妹般、強有力的結合。

當你看動物王國時，也是透過你們特殊化了的性信念，去研究雄性與雌性的行為，尋找攻擊性、領土嫉妒心、被動性、母性本能或任何模式。這些特殊的興趣，使你們無視於動物那許多較大的次元。到某程度，所謂的母性本能，在任何可被如此指稱的族類，都同屬於雄、雌兩性。不論有沒有性的表現，動物與同性成員有密切的友誼，愛與奉獻不是專屬某一性或某一族類的特權。

你們休息一下。

（九點五十二分到十點十九分。）

結果是，你們在自然裡只看到自己想看的，而提供自己一個符合你們信念的自然模式或模型。

愛與奉獻大半被看作女性的特徵，社會、教會及國家組織則被看作男性的。這倒不是把男性與女性視為平等的問題，而是在每個人之內的男性與女性成分都應該被釋放與表現——當下，你們許多人可能被激惱或感到緊張，以為我當然是指性的表現。那是這種表現的一部分。但我是在說，自每個人之內釋放出的偉大人類特徵和能力，其表現常被否定，因為它們被指派給了異性。

在你們目前的架構裡，由於男─女的專門化，你們採取男性的取向，暗示自我是男性，而心靈是女性。於是你們把很大的區分強加在自己身上，在其間的實際應用方面，知性彷彿是與直覺分離的。而且你們設定了一種情況，在其中，敵對似乎適用於本來沒有敵對的地方。當你們想到一個科學家，大多數人會想到一個男人、知識分子、「客觀的」思想者，他努力地不要感情用事，或與被檢驗研究的主題認同。

在科學與宗教之間看來似乎有個區分，即使是組織化的宗教，也有一個直覺性的基礎。而男性科學家常常恥於用他的直覺，因為那不僅看來不科學，同時還是女性化的。這種男人關心的是，別人會對他的男性怎麼想。「不合邏輯」是一種科學的「犯罪」——倒不因為它是個不科學的屬性，卻是因為它被認作「女性化」的屬性。科學遵循了男性取向，而變成了男性取向的典型。一直到現在，科學曾一貫不變地試圖去除所謂的女性特質。它把知識與情感分開，把了解與認同分開，強調性別而非人性。

到某個程度，有些科學界的人，設法融合所謂的女性與男性特徵。當他們如此做時，似有的敵對和矛盾消失了。不論到什麼程度，他們都比當代人更不容許性角色使他們在心理上盲目。因此比較容易結合理性和情感、直覺與知性，而如此做時，他們發明了能調和以前矛盾的理論，能統合、擴展、創造，而非分化（diversify）。

在科學界，愛因斯坦是這樣的一個人。雖然他被傳統的性信念所沾染，但仍然用這樣一種方式感覺到自己的人性，以致他高興地利用被認作是女性的特徵。特別是在年輕時，他反叛了男性取向的學習與取向。這反叛是心理上的——即是，他在性活動上維持了一個可被接受的男性取向，但不肯用此種無稽來限制他的心智與靈魂。全世界都感覺到他偉大的直覺能力以及奉獻的成果。

（十點四十七分。）由於世界的情況，以及科學的全盤男性取向，他工作的結果大半被應用來操縱與控制。

一般而言，理性與知性於是被認作男性特質，以及是文明、科學和組織化世界之架構。直覺與衝動則被認作反覆無常、不可靠、女性的，而該被控制。世界因著自發的秩序而存在。文明因著人們想要在一起的衝動而開始，它自發地生長而進入秩序。你只看到許多過程的外表，因為客觀化觀點不允許你認同更多內在的顯示。在你看來，似乎所有系統在某個時候都會崩潰——變得較無秩序或流入混亂中。

你們把這信念應用到物理系統與心理系統上。以性而言，你堅持一個畫面，顯示人長成到清晰的性認同，然後在老年從清晰的性認同中脫離，而掉進「性錯亂」。你沒有想到原先的前提或焦點，本體與性天性的認同，是「不自然的」。那麼，就是你們形成了整個架構，而由它形成你們的判斷。在許多例子裡，一個人在兒時或老年，常被容許更大的個人自由，而性角色更具彈性時，會更真實地符合他自己的本體。

任何對自身的深層探討，都會引導你進入推翻有關性的傳統信念區域。你將發現一個本體——心理或心靈上的本體，就你們說來既是男也是女，在其中，每一性的那些能力都被加強、解放及表現了。它們也許在正常生活中沒被這樣解放，但你將遇見自己實相的更大次元，而至少在夢境，瞥見那超越了單性取向的自己。

與心靈的本體相會，常常被偉大的藝術家、作家或神祕家碰到。如果你想有一天能超越自己所涉及世界那似乎敵對的架構，這種了解是必需的。

那麼，過度特定的性取向，反映出意識裡基本的區分。它不止把一個男人從自己的直覺感情或一個女人從自己的知性分開到某個程度，而且也有效地提供了一個文明——在其中顯得心智與心分開，而事實與天啟隔離。到某程度每個人都在與心靈打仗，因為所有人的特徵必須被否定，除非它們符合那些對性認同來說被視為正常的特徵。

你們休息一下。

（十一點十二分到十一點三十三分。）

在日常生活裡，你多少於實際存在裡做成性的諷刺性模仿。

你不了解真的女性（womanhood）或男性（manhood）是什麼，反之被迫貫注於一種淺薄的變種。結果，性的分裂反映沾染了你所有的活動，但最要緊的是，它限制了你的心理實相。

既然你以最局限的方式評量性的表現，且大半用它作為認同的一個焦點，那麼你們的老年人和少年人都受到並不是年紀、而是性偏見的惡果。有意思的是，老年人和少年人兩方，都發現自己在你們的組織架構之外。在年輕人接受性角色之前，他們的想法比較自由自在，而老人的想法也較自由，因為他們已捨棄了自己的性角色。我不是說老人或年輕人沒有性的表現——而是這兩組人都不將其身分與性角色認同。當然有例外。但若這男人或女人被教以身分就是性的履行（performance），而那履行必須在某一年紀停止，那麼身分感也可能開始潰散。如果孩子們感覺身分是依賴這種履行，那麼他們將盡快地開始履行，把自己的身分強擠入性的衣服裡，而社會將受害，因為成長中知性與直覺的偉大創造性衝擊，將在青春期被分隔——正當他們需要這種力量的時候。

理想地說，男性成人與女性成人會在性表現中感到愉悅，而找到一個全盤的取向，但也會沉浸在更大的心理與心靈身分裡，這身分經驗會表現出所有偉大的人類心智與心靈能力，那是瀰灑過任何人為分隔的。

口述完畢。等我們一會兒……

（十一點四十九分。在傳給珍一頁左右的資料後，賽斯於十二點十二分結束此節。）

第七七三節　一九七六年四月二十六日　星期一　晚上九點二十八分

現在：口述。

那麼，你們把性別標籤貼在知性與情感上，因此就你們看來，它們是相反的。你們曾試圖把精神與情感特徵在兩性之間分割，強迫形成一種樣板式的行為。

再次，具直覺能力或某種藝術性天分的男人，常因而自認為同性戀者，不論是或不是，因為他情感和精神的特徵，似乎更適合女性而非男性。

具有超過那些被認為是女性興趣的女人，也常處於同樣情形。可是，由於知性與情感被如此分開地考慮，因此表現直覺能力的嘗試，常常變成「不合理的」行為。

在某些圈子裡，否認知性能力而支持感情、情緒或直覺的行動，變成時興的事。於是知性的關切變成了嫌犯，求助於理智被認作是件糗事。相反的，知性和直覺的行為當然應該是很美地混合在一起的。以同樣方式，你們曾企圖強使愛的表現出之於純粹的——或非此不可的——性取向。同性之間，一個親愛的愛撫或親吻，通常不被認為適當。這禁忌包括大部分和人體有關聯的觸覺。

觸摸被如此基本地認為是性的，以致別人對你身體任何部位最無害的觸摸，都被認為有潛在的危險。一方面你們在用到「性」這術語時太過特定化，但另一方面你們感到，如果讓任一種親密發生的話，它必定自然地導向性的表現。你們的信念使得這可能發生的性事件，顯得像是一件事實經驗。

這也強使你們非常小心地守護情感生活。結果是，除非任何愛的表示都能合法地找到性的表現，否則就會受到某程度的抑制。在許多例子，愛的本身似乎是錯的，因為它必然暗示了性的表現，而此種表現當時是不可能或不宜的。有些人對愛、奉獻和忠心有很大的容量，會自然而然地以許多不同的方式尋求表現——經由堅強持久的友誼為他們所相信的主義獻身、透過能幫助他人的職業等。他們也許並不特別是性取向的，這並不必指他們在壓抑自己的性。要他們相信自己必須在年輕時常常性交，或設下性經驗的正常標準，那是病態而可笑的。

（九點五十一分。）事實上，西方社會企圖強把愛與奉獻的表現全部逼成性活動，否則就全盤予以禁止。性的履行被認為是運用人類情感偉大潛能的安全方法。當在你們看來社會變得淫佚時，它在許多方面其實是最被壓抑與抑制的。

這意指除了性的自由外，其他的選擇都被否定了。愛與奉獻的偉大力量，被從經由工作而表現個人創造力的區域抽回，從經由政府或法律的表現抽回。愛與奉獻經由有意義的私人關係表現被否定，而被迫進入透過性來表現的窄巷，於是的確變成無意義了。

有些為「平權」（equal rights）努力的婦女曾說，由於壓制了婦女的能力，人類只用到一半的潛能。可是，廣義地說，當身分被認定主要是性取向的問題時，每個個人都受害。

一般而言，是有個特定生物性的大致性取向。但心智性與情感性的人類特徵，根本不是按照性來分配的。此種認同把個人切成兩半，因此每個人只用到了自己的一半潛能。這在你們所有的文化活動上都造成了分裂。

（十點五分。）等我們一會兒……在一方面，你們許多人被教以：性表現是錯誤、邪惡或可恥的。人家也告訴你們，如果不表現你的性，你就表現出不自然的壓抑，更有進者，你被引導去認為，首先必須強迫自己去喜愛這曖昧不明的性之天性。「好女人不享受性」這老觀念可沒消失。然而女人受到的教導是，愛的自然表現、輕鬆的愛撫，是不合宜的，除非立即隨之貫徹到性高潮。男人被教導按照性驅策力及其斬獲，去計算他們的價值。他被教導去抑制愛的表現，視之為一個弱點，卻又盡可能多地做愛。在這樣一個性的氣候裡，難怪你們變得困惑不清。

你們休息一下。

（十點十三分。當我說休息來得早了些時，珍說：「今晚我覺得不太有興致。」在十點四十四分繼續。）

當男孩子被教以要單單地與父親形象認同，而女孩子要與母親形象認同之時，性的分裂（sexual schism）就開始了——在此，你們不知不覺地把罪惡感編入了成長的過程。

不論哪一性別的孩子，都會十分自然地與父母兩者認同，任何強制性地、單單指引孩子去做這樣一種單獨的認同，是非常局限人的。在此種情況下，只要這樣一個孩子對另一方（父或母）感到自然的聯繫，罪惡感立即開始升起。

在你們社會裡，由於某些特徵被認為獨屬男性或女性，所以這些自然的傾向越強，這孩子就越被發動出來，因為孩子無誤地知道，他自己的實相超越這種簡單的取向。

孩子越被有力地強灌這樣一種人為的認同，他所感到的內在叛逆就越大。欠缺一個「合適的」父或母形象，「救」的孩子比害的要多。心靈以其偉大的稟賦，總是感到受挫，而企圖採取對抗的辦法。可是，你們的學校更進一步地繼續這過程，因此好奇心與學習的區域為男孩與女孩分開了。在男孩之內的「她」的確代表了他人格中沒被表現的一部分——不是因為任何心智或情感特徵自然地勝過另一些，而是由於人為的專門化。這同樣也適用於女人中的「男性」。再次，你們順應著對意識本質的概念而接受了人性的這種版本。那些概念在變，而當它們在變時，人類必須接受他真實的人性。當這發生了，你的了解將容許你瞥見世代以來你們認知的神祇實相本質。你們將不再需要給它們穿上有限的性偽裝。

你們的宗教觀念，以及與它們連在一起的形象，將有相當的改變。宗教和政府有一個不自在的聯盟。男人治理兩者（他們仍是），然而那些帶頭的宗教組織至少認識了他們的直覺基礎。他們常試圖藉由政府領袖慣用來壓制與利用情感的同樣方法，來操縱宗教的下層結構。

（在十一點七分停頓很久。）異教被認為是女性與顛覆性的，因為對基於宗教熱情可被接受的表現而建立的架構來說，異教具有將之破壞的威脅性。在教會裡的女性成分總被認作嫌犯，而在早期的基督教，有些人唯恐童貞女變成了女神。有些未倖存的基督教分支，在其中就是如此。在宗教和政府間的平行發展，永遠反映意識的情狀及其目的。「異教的」作為，給了性認同及表現遠為多的空間，一直到十六世紀都還存在，而所謂玄祕的（occult）地下異教之教旨，則試圖鼓勵個人直覺的發展。

不過，人格任何真正的心靈發展，一定會導致對心靈本質的一個了解，而心靈本質對任何基本性認同的混淆而言，都是太過廣大了。轉世觀念的本身，清楚顯示了性取向的改變，也顯示了一個與他的性取向不同的「自己」存在——縱令這個「自己」也是以一既定的性別姿態來表現時。到相當的程度，性的信念要為阻塞了轉世的知覺負責。轉世的「回憶」必然會使你認識與你目前性角色難以相關聯的經驗。那些異性存在是無意識地呈現給心靈的，它們是你人格的一部分。因此，在如此特定地與你的性別認同時，對於那些可能限制或打破那認同的回憶，你也加以抑制了。

你們休息一下。

（十一點二十八分到十一點五十七分。）

在以前的世代裡，教會試圖把愛與奉獻的表現從性方面分離出來之努力，更勝於它對神父的性本質以及性表現之約束。

例如，在中世紀，高比率的神父有私生子。這些被認為是軟弱、多欲的肉體之產品——夠壞了，但想想人類的墮落狀態，失身就成了可以了解的。只要神父的愛與奉獻仍舊屬於教會，而沒「浪擲」在這種後代的母親身上，這類情況若不是被默許，也可以被忽視。

修女們被置於卑屈的地位。修女院卻也成了許多女人的庇護所，她們即使在那種情況下仍想辦法自我教育。

為數不少的修女當然懷著那些神父的種而生下孩子，這些孩子有時在修道院與修女院裡做傭僕。不過，在各個不同的修女院裡，修女有很多次的反叛，因為這些女人發現，雖在隔離的環境裡，她們也運作得頗有效率，而開始對教會的整個架構及在其中的地位質疑。有些集體離去，而形成她們自己的社區，尤其是在法國和西班牙。

然而，教會從沒有找到合適方法來對付它的婦女，或對付自己信仰中的直覺成分。每次當另一個童貞聖母的神靈出現在世界上的某一角落時，它對女神的恐懼之心又重新浮現。

也有些女人被認作僧人，好多年過著遺世獨居的日子。沒有作品署上她們的女性名字，因為她們用男性名字。不必說，在這種環境裡，女同性戀與男同性戀的關係盛行了起來。只要這關係本質上是性的，教會便睜一隻眼閉一隻眼。唯有當愛與奉獻被導離了教會，才有真正的憂慮。於是知性和情感變得更分開了。這結果當然變成對教條的過分強調——規則及儀式必須多采多姿而華貴，因為它將是心理創造性可被容許的出路。教會相信性經驗屬於所謂較低或動物的本能，同樣，通常的人類愛也是。在另一方面，教會又相信精神性的愛與奉獻不可被性表現所污染，因而任何正常的深厚關係都會威脅到虔敬的表現。

口述結束，此節結束，衷心祝你們晚安。

（「賽斯，非常謝謝你。很有趣的一節。晚安。」十二點十七分。）

第七七四節　一九七六年五月三日　星期一　晚上九點二十四分

（自從賽斯開始這些談人類性學的課以來，巧的是，我們似乎從郵件中收到比以前更多關於這主題的詢問。我們只遺憾這麼晚才把這資訊帶給大家。

（現在天氣較暖，我們可以在裝設於雙車車房一半空間裡的野餐桌上吃午餐。珍常在那兒寫作——車房門開著——因此她能享受屋後的山景。）

晚安。

（「賽斯晚安。」）

口述：當你們宣告性行為是邪惡、不雅或可恥的，於是隱藏它，而假裝它基本上是「動物性的」，你們其實是對性行為執迷不放。當你在市場上以一種誇張方式宣稱性行為的好處時，也是對它執迷。當你在性表現上加上嚴格、不實際的禁令，或當你設下同樣不實際的積極表現標準，以期正常人能達到，也是對性行為過分執迷。

那麼，性自由並不涉及一種強制性的亂交，使得年輕人與異性的遇合如果不導向床鋪，就會被迫感覺到不自然。

當你把性活動與愛和奉獻分開時，則開始將之程式化。於是，教會和國家能夠很輕易地要求和吸引你失去中心的忠誠與愛，留給你的，只是一個剝除了最深意義的性表現。

我在此不是說，如果沒附有愛與奉獻之情，任何既定性行為是「錯誤」、無意義或可恥的。可是，過了一段時間，性表現將跟隨著心的傾向。於是，這些傾向將渲染性表現。到那程度，對一個你不喜歡或看不起的人有性欲是「不自然的」。在你們族類或動物的自然生活裡，統治和屈從的性概念並沒有地位。再次的，你們按照自己的信念詮釋動物行為。

當愛與奉獻被人從性本質分隔開來的那種時期，統治與屈從常被用在宗教文學上。只有透過宗教的靈視（vision）或經驗，愛、奉獻與性本質才能合一，因為只有神的愛被視為「夠好」，才能合理化「性」，否則它就是動物性的了。反之，「統治」和「屈從」，與意識的範圍及其發展有關。在此書前面所提到的詮釋，你們採取了一個意識的主要路線，那在某程度上是傾向於統治天性的。你們認為在本質上這是男性的，於是女性原則變成與土地及其生命的所有元素相連，你們做為一個族類想獲得對它們的統治權。

（九點四十七分。）因此，神變成男性。愛與奉獻，本來可以與自然的各面及女性原則相連，卻變得必須將之從任何自然受到性吸引的地方「奪走」。以這樣一種方式，反映你們意識狀態的宗教，於是可以管束愛的力量而用之於統治目的。它們變成國家取向。男人的愛與奉獻是政治性的收穫。熱情與政府的財富一樣重要，因為一個國家能依恃其軍官的奉獻，就如許多狂熱份子可為一個主義不要錢地工作。

（長久的停頓。）等我們一會兒——（在九點五十六分有一分鐘的停頓。）有些人是自然地孤獨。他們要獨自生活，並且感到滿足。可是，大多數人對持久、密切的關係有種需要。這對個人的成長、了解和發展，提供了心靈和社會的架構。一面望天呼叫「我愛我的同胞」，而在另一方面卻不與別人形成深厚、持久的關係是很容易的。對所有人類宣告平等的愛是很容易的。但愛本身要求一種了解，而在你們的活動層面上，它是建立於親密的經驗。你不能愛你不認識的人——除非把愛的定義稀釋到它變成無意義的程度。

去愛一個人，你必須欣賞這人與你、與其他人的不同之處，必須把那人容納在你心智中，因此到某個程度，愛是一種冥想（meditation）——對另一個人的一種關愛聚焦（loving focus）。一旦你體驗那種愛，就能將之轉譯到其他方面。這愛本身散布出去而擴展，因此你隨後能在愛的光輝中看視其他人。

愛自然地是創造性和探索性的——也就是，你想要創造性地探索被愛者的各面。甚至那些原本會顯得是缺點的特徵，也獲致一種親愛的重要意義。缺點被接受——被看見，卻不會造成任何區別。因為這些缺點仍然是被愛者的屬性，甚至那看似為瑕疵的也得到了彌補。被愛者獲得超過一切其他人的重要性。

一個神的愛，其展布的範圍，也許能在祂的視野裡平等地同時容納所有個人之存在，在無限鍾愛的一瞥裡看見每個人，以及他所有奇特的特徵和傾向。這神的一瞥，會喜歡每個人和另一個人的不同。這不會是一種概括一切的愛、一種稀粥似的含糊一瞥，使個人性在其中融化於無形：這樣的愛卻是建基於對每個人的完全了解之上的。愛之情把你帶到對「一切萬有」本質最親近的了解。愛引起奉獻、承諾，愛會明確地投注。因此，如果你不愛另一個人，就不能誠實地堅持你平等地愛人類及所有眾生。如果你不愛自己，是很難去愛別人的。

你們休息一下。

（十點二十二分到十點四十一分。）

再次，並非所有的愛都是以性為取向的。然而，愛自然地尋求表現，而這種表現之一即為透過性活動。

可是，當愛與性被人工化地分開，或被認為彼此敵對時，那麼各種問題都產生了。在這種情況下，當愛最自然的表現管道之一被關閉，永久性的關係變得極難建立，而愛往往難以表現。許多兒童對玩具、洋娃娃或想像的玩伴表現出最大的愛，因為這麼多的樣板模式已限制了其他表現。由於被扔到他們身上的認同過程之故，他們對父母的感覺變得曖昧不明了。愛、性，與遊戲、好奇心、探索特性，以自然的方式匯集在兒童身上。然而小孩不久便學到，探索範圍是受限制的，甚至連探索自己的身體也是。兒童不可自由地默思自己的各個部分。身體是早期的禁區，因此兒童感覺以任何方式愛自己都是錯的。

於是，愛的概念及其表現變得極為扭曲。例如，你並不會為了人類的兄弟之情而打仗。在人際關係中熟悉未受扭曲之愛的人們，會發現這樣一種觀念是不可能的。自小恥於天性中「女性面」的男人，不能期望他們愛女人。反之，他們將在女人裡看到自己實相裡被蔑視、被恐懼，卻又負有情感重擔的那些面，而在兩性關係中的行為也會據以如此表現。

被教以去害怕天性中「男性面」的女人，也不能期待她們去愛男人，而同類的行為產生了。

所謂的兩性戰爭，起源於你們加諸自己天性上人為的分割。心靈實相是超越這種誤解的。它的本來語言常常為你所忽略，那是與大致可稱為「愛的語言」的東西密切相連的。

此章結束。

Chapter 06 「愛的語言」，形象，文字的誕生

（十點五十九分。）下一章的標題：〈「愛的語言」，形象，文字的誕生〉。

說在戀愛中的人能無言地溝通，幾乎成了老生常談。各種戲劇與故事描寫了似乎發生在母子、兄弟姊妹或愛人之間的內在溝通。

愛本身彷彿加速了身體的感覺，因此，即使是最細微的手勢，也有了格外的重要性和意義。神話和故事形成了，在其中，相愛的人彼此溝通——雖然一個死了而另一個活著。愛的經驗也加深了那片刻的快樂，縱令它同時彷彿強調了生命之短促。雖然愛的表現燦爛地照明了生命的瞬間，同時，那片刻的燦爛包含了一種強度，那違抗了時間，且多少是具永恆性的。

在你的世界，你只認同自己，然而愛卻能擴展那認同到這樣一種程度，以致對另一個人的親密知覺，常是你自己意識的重要部分。你向外看世界，不止經由自己的眼睛，至少到某程度也還透過另一個人的眼睛。那麼，當他或她在空間裡與你分開行事時，說你的一部分象徵性地與這另一個人同行就是真的了。

所有這些也以不同的程度適用於動物。縱使在動物團體裡，個體也不止關心其本身的存活，還關心「家庭」成員的存活。在一個動物團體裡，每個個體對其他成員的情況是有知覺的。因此，愛的表現並不局限於你們人類，溫柔、忠誠或關切也不是。愛的確是有自己的語言——一個基本非言辭的語言，帶著深層的生物性內涵。它是最初基本的語言，所有其他語言從它而來，因為所有語言的目的，均起自那些對愛的表現相當自然的特質——溝通、創造、探索，及與所愛合一的欲望。

（在十一點二十二分長久的停頓。）等我們一會兒……以你們來說，歷史性地，人首先與自然認同而愛它，因為他將自然看作自己的擴展——縱使同時也感覺自己是其表現的一部分。在探索自然時，他也探索自己。他不止單單認同自己，卻因他的愛，也與自然界那些他相與接觸的部分認同。這愛是生物上與生俱來的，即使目前在生物學上仍是中肯的。

身體與心理上，人類都與所有的自然相連。人並不活在恐懼中，如現在所假設那樣，也不活在什麼理想化的自然天堂裡。他活在心靈與生物經驗的強烈尖峰，而享有一種創造的興奮感，以那種說法，那是只在人類還是新族類時才存在的。

這很難解釋，因為這些觀念本身存在於言辭之外。某些似有的矛盾必然會發生。可是，與那些時代比較，現在的兒童生下來就是古老的，即使在生物上，他們也在其內帶著祖先的記憶。可是，在那些原始時代，人類本身，以那種說法，剛由「無時間的子宮（womb of timelessness）」升起而進入時間裡。

（停頓良久。）新的一段：以更深的講法，他們的存在仍舊繼續，向各個方向散出分枝。你所知的世界是在時間裡的一種發展——你們所認識的一個。人類實際上走上了許多你們不知的路，那在你們的歷史裡並沒有記錄。新鮮的創造力仍由那「一點」出來——（長久的停頓，許多個之一。）以你們接受的算法。嬰兒期的人類，明顯地以不同於你們的方式體驗他們自己。這經驗對你們現在的觀念而言是如此陌生，而且它發生在你們所謂的語言之前，因此是極難描述的。

（十一點三十九分。）一般而言，你體驗到自身是與自然分開的，而你主要是被關閉於你的皮膚之內。早期人類並不覺得像個空殼，然而自己對他而言，在體外也與在體內一樣多。有一個經常的交互作用。好比這種人能與樹木認同，這麼說是很容易的；但試著解釋，一位母親是如此地變成了她孩子在其下玩耍之樹的一部分，以致她能從樹的觀點監護他們，雖然她自己身在遠方，則是件完全不同的事。

你們休息一會兒。

（十一點四十六分到十一點五十九分。）

意識遠比你們領悟的要具流動性。操作式地說，你主要是集中意識於你的身體。你不能「從外面」體驗主觀行為，因此這意識的自然流動性，在心理上對你是不可見的，而動物則保持了它。

你們喜歡以單位與定義來思想，因此即使當你考慮自己的意識時，你把它想作是「一件東西」或一個單位——不可見的某物，也許可以用不可見的手拿著。其實，意識是存在的一項特殊性質。「它」的每一部分包含著全部，至少就理論上說，你能同時離開並在你的身體內。你極少覺知這種經驗，因為不相信它們可能如此，而看起來好像意識甚至必須在此地或彼地，尤其是當它個人化的時候。

我無疑是用最簡單的話來說。一隻鳥可以有個窩，雖然牠常離開它，而且永遠不會把自己與牠做窩的地方混為一談。以某種說法，那就是你們的情況——雖然身體是比一個窩要活得多。

那麼，在那些早先時期，意識是較活動的，身分是較民主的。以一種奇怪的方式而言，這並不指個人是較弱的，反之是夠堅強而能去接受在它範圍之內變化多端的經驗。於是，一個人向外看進樹、水、岩石、野生動物和植物世界，真實地感覺他是看到個人自性（selfhood）之更大、物質化、主觀的區域。

去探索那外在的世界，亦即探索這內在的世界。不過這樣一個人，走過樹林，也感覺他是每塊岩石或樹木內在生命的一部分實質化了，然而卻沒有身分的矛盾。

（十二點十九分。）一個人可以把自己的意識與一條奔流的溪水合一，以這種方式旅行數哩去探索陸地的形勢。當他這樣做時，以一種你難以了解的身分，他變成了水的一部分，而水於是也變成這人的一部分。

你能夠不費力地想像原子和分子形成物體。可是，以同樣方式，意識已具身分的部分可以混合，形成聯盟。

口述結束。此節結束。

（「好的。很精采！」）

祝你倆晚安。

（「謝謝你，晚安。」十二點二十六分。）

第七七六節　一九七六年五月十七日　星期一　晚上九點十四分

（我們的上一節，第七七五節，不是書的口述。賽斯代之以「意識串」（strings of consciousness）——解釋為何珍「接收到」威廉・詹姆士的資料。珍在她的書《心靈政治》裡論及此事。每過一陣子她會感到好像「由詹姆士那兒」可得到更多的資料，雖然之後並沒有到來。）

晚安。

（「賽斯晚安。」）

口述：有相互關聯（interrelatedness）的通道，連接所有物質—意識流過的通道。

以我現在所用的詞來說，人與自然的認同容許他去利用那些內在通道。可以說，他能讓自己的意識遊過許多水流，於其中併入其他種意識。我說愛的語言是一個基本語言，而我真的是那個意思。人類愛自然，與它的許多部分認同，而聯合它的威力、認同它的力量，來增加自己的存在感。

倒不是說他把自然的要素人格化了，不如說他把自己投入自然的要素而駕馭它，可以這麼說。如前所提及的，愛引起想要知道、探索及與所愛者溝通的欲望；因此當人試著要表現他對自然世界的愛時，語言於焉開始。

最初，語言與字眼並沒有關係。的確只有當人失去了他一部分的愛，忘卻了一些與自然的認同，以致不再了解自然的聲音也就是他的聲音時，口語才出現。在那古早的日子，人擁有一個龐大的活動範圍來表現他的情感。例如，他並沒象徵性地與暴風雨同怒，卻是十分有意識地與它們認同，到如此的地步，以致他及族人與風雷合一，而變為暴風雨力量的一部分。他們感覺並且也知道，暴風雨會刷新土地，不論它們為何憤怒。

因為這種與自然的認同，如你們了解的死亡經驗完全沒被認作是個結束。意識的流動性是個經驗到的事實。自己不被認作是陷在肉身之內。身體多少被認為像個友善的家或洞穴，善心地給自己一個庇護所卻非囿限它。

（在九點三十五分停頓，許多個之一。）愛的語言最初也並不涉及形象。再次的，只當人們失去了一部分他的愛與認同，且忘了如何從一個形象的內部與其認同，因而開始從外面來看自然時，心智中的形象，如它們所被了解的，才以其現在的形式出現。

我願強調，想用口語來解釋這樣一種語言是非常困難的。在某方面，愛的語言遵循著分子的根源（molecular roots）——一種生物的字母，儘管「字母」是太過限制性的術語。

（停了一分鐘。）每個自然要素有其自己的關鍵系統（key system），來與別的要素相互連鎖而形成通道。經過它們，意識得以從一種生命流向另一種。人了解他自己為一個分離的存有，卻也是與所有自然相連的一個存有。於是，他主觀生命的情感所及，遠遠躍過你們認為的私人經驗。例如，每個人完全地參與一場暴風雨，而仍是以他自己獨有的方式參與的。然而情感的偉大被容許充分地擺盪，而大地與世界的季節共同地被感受到了。

對語言或溝通方法最貼切的形容，便是直接認知（direct cognition）。直接認知是依賴一個愛人般的認同，在那種情況，已知即為已知，那階段不需要文字甚或形象。外面的風與呼吸被感覺為一體，因此風是大地呼出的氣息，它是從活著的生物口中升起，散播過大地的身體。人的一部分與那呼吸一同出去了——因此，人的意識能走到風所旅行之地。一個人的意識，御風而行，變成所有地方的一部分。

（停頓良久。）一個人的身分（本體）是私密的，就在於人永遠知道他是誰。他也對自己的身分如此有把握，以致不感到需要保護它，因此能以一種現在對你們很陌生的方式，擴展他的知覺。

（在十點停了很久。）等我們一會兒……

拿這個句子為例：「我觀察這樹。」如果那最初的語言有字，其相等者將是：「作為一棵樹，我觀察我自己。」

（在十點三分停了很久。）或是：「採取了我的樹性，我在我的樹蔭下休息。」一個人並非站在岸上向下看水，而是把他的意識沉浸其中。人最初的好奇心並不涉及看見、感覺或觸及物體本質，更是捲入一種快樂的心靈探索裡。可說他不止是把腳放進水裡，卻也是把意識投進去——雖然他兩者都做了。

如果我談到的那語言是口語式的，人永不會說：「水流過山谷。」反之，句子念起來會像是這樣：「我的水身奔過岩石，與其他人滑溜地同流。」那轉譯也不是最好的。人並不指定自己意識為唯一的一種。舉例來說，他有風度地謝謝樹給他庇蔭，而他了解即使當樹容許他的知覺參入其知覺時，樹仍維持了它自己的身分。

以你們的說法，當人失去這種認同時，才開始了語言的應用。我必須再強調那認同並非象徵性的，而是實際的、日常的表現。自然為人發言，而人為自然發言。

（在十點十八分停了很久。）以一種說法，名詞與動詞為一。名詞並沒消失，只是以動詞方式表現自己而已。

（在十點二十分停了很久。）在一種不為你知的情感放大裡，每個人的私人情感，都透過大自然的改變，被給予表達與釋放——被了解並被視為理所當然的一種釋放。以最深沉的說法，天氣情況與情感仍然極度相關。內在情況導致外在氣候的改變，當然，儘管現在你們看來彷彿剛好相反。

（十點二十六分停了很久。）既然你們已不再能與自然力認同，那麼，你們被奪去或自己搶奪了自己一種最基本的表現方式。不過，人類想要追求某一種的意識。以你們的說法，可以說經過一段時期，他把自己的知覺拉了進來；他不再像以前那樣地認同物體，而開始透過自己的身體來看物體。他不再把他的知覺併入，因此學到看一棵樹為一件東西，以前他會加入它，而也許從樹的有利地位來看自己站著的身體。就是從那時，精神性的形象才變得像現在這樣重要——因為他以前曾了解這些，卻是以一種不同的方式，由內而外。

現在他開始畫畫寫生，學著如何在心智裡建立形象，那是以現在所能接受的方式與真實的外在物體有所關聯。現在他走路，不止是為了愉悅，卻是要去獲得他想要的資訊，得走過長遠的距離，而這路途是以前他的意識能自由地旅行過的，因此他需要原始的地圖和記號。他不用整體的形象，反而用部分的形象，如圓圈或直線的片段來代表自然物。

他一逕地用聲音來溝通情感、意圖與純粹的亢奮。當他變得捲入於寫生或畫出的形象時，開始以嘴形來模仿他們的形狀。「O」是完美的，代表了他的口語語言在起始時故意做出的聲音之一。

你們可以休息一會兒。

（十點四十一分到十一點八分。）

好，不論你說的是哪種語言，能發出的音有賴於你的身體結構，因此人類語言是由某種有限的音所組成。你身體的構造是內部分子排列（molecular configuration）的結果，而你所發的音與此有關。

我先前說過，早期的人感覺到某種情感的放大。例如，他覺得風的聲音像是他自己的。以某種方式來說，當你們的語言表現你個人的意圖與溝通時，也代表從你內部分子排列升起的一種擴音（amplification）。風依據大地的特性而形成某種聲音；呼吸依據身體的特徵而形成某種聲音。在字母與組成你們組織的分子結構之間有著關聯。字母於是也成為自然之鑰，這種自然之鑰有一個分子的歷史，你把這些鑰匙形成某種有特定意義的聲音模式。

（十一點十九分。）這提供了你某種的溝通，但它也容許了一個在那層面是自然的分子表現，而後為你自己的目的而被你所用。我並不是說分子會講話。不過，我是說它們透過你們的語言而得以表現——你們的言語代表它們存在的一個擴音。透過你們的字，它們的實相被擴音，就像人的情感一度透過物質元素而擴音。

某些聲音是分子構造的言語複製品（replica），被你放在一起以形成句子，舉例來說，就如分子被放在一起以形成細胞和組織。

（在十一點二十六分停了很久。）有「內在的聲音」（inner sound），好像組織間的夾層，它們「覆被」分子，而這些作為外在聲音原則的一個基礎。這也與身體本身的韻律有關聯。

到某程度，標點是你們聽不見的聲音、一個停頓，暗示著未放出的聲音在場。那麼，到某個程度，語言依賴未說的部分就如依賴已說的，而依賴無聲的節奏就與依賴聲音一樣。不過，在那脈絡裡，無聲只涉及聲音的停頓，其中暗示了聲音但未被放出。內在的聲音主要是處理那種關係。語言有意義只因凌駕其上的無聲節奏。

（十一點三十三分。）在語言的意義上，來自聲音之間的停頓，與來自聲音本身一樣多。呼吸之流顯然是重要的，使節奏與字句的間隔規則化。呼吸的完整性直接升自細胞間適當的取與予，及組織的機能；而所有那些是分子能力的表現。語言顯然應歸於那能力，但在此之外，那能力還與語言模式本身、造句法的結構，甚至所用的詞藻都相關聯。

再次的，你為自己說話；如此做時，你說的語言卻不單只屬於你，而是快得令你無法追隨的內在溝通之結果，同時還涉及了肉體及主觀的實相。為此之故，你們的語言在幾個層面上都有意義。你所發的聲音對自己及他人的身體有實質影響。那麼，有一種與「意義價值」（meaning value）分開的「聲音價值」（sound value）。

你對別人說的字句，在某方面來說，被聽者分析成基本的成分，而在不同的層面被了解，形成了心理的詮釋與分子的詮釋。聲音及其停頓表現了情感的狀態，而對這些的反應，將改變身體情況到任何程度。

聽者然後把語言分析開來，建立起他自己的反應。你們如此地將文字和形象連接起來，以致語言似乎包含了暗示某形象的聲音。然而某些語言有表示感覺與主觀狀況的聲音，它們沒有主詞或述詞，甚至沒有你們能認知的句子結構。

你們的語言必須追隨感知，雖然在其下的聲音結構並無此必要。你說：「我今天在（I am today），我昨天曾在（I was yesterday），我明天將在（I will be tomorrow）。」然而有些語言不能理解這種說法，而「我在」（I am）這字詞會被用於所有的例子。

你們要休息或結束此節，隨你們的便。

（「我們就休息一會，看會怎麼樣。」

（十一點五十五分。在休息時珍發現她感覺疲乏，因此決定不再繼續此節。）

第七七七節　一九七六年五月二十四日　星期一　晚上九點四十五分

現在——晚安。

（「賽斯晚安。」）

口述。可是，最初在你們所了解的形象與文字誕生之前，世界以不同於你們認知的方式存在。你們所想的形象，還沒有採取你們認知的樣子。舉例來說，對你們而言，似乎自然世界必須在視覺上以某種特定方式被放在一起、或被感知。

不論你們的語言為何，你們感知樹木、山、人們、海洋。舉例來說，你從未見過一個人與一棵樹合而為一。這將被視為幻覺的形象。你們的視覺資料是被你們學到並詮釋的，因此它們顯得好像是那些資料唯一可能的結果。內在視象（inner vision）能令你惶惑，因為在你的心智中，你常很清楚地看見那些如果你的眼睛睜開時將會拒斥的形象。不過，以我們現在說話的方式，早期人類對我稱之為「內在感官」的使用比你們要多得多。視覺上，早期人類看物理世界與你們看來好像很自然的世界是不一樣的。

你必須給我們一些時間……（停頓，許多個之一。）例如，當一個人的意識與一棵樹的意識相混，那些資料變成「視覺的」而被別人感知。當一個人的意識與一隻動物的相混，那個混合也變成了視覺的資料。

以一種說法，頭腦把視覺資訊放在一起，因此世界的視覺內容不像它們現在那麼固定。你們學會在實質的視力與詮釋上極度明確化。你們的精神視象（mental vision）保存著對那些能——卻並未——以視覺實質感知的資料之暗示。你們訓練自己對啟動了精神性詮釋的某些視覺暗示（cue）反應，而忽略了其他的變奏。

這些後者可以被描述為過於微妙。然而事實上，它們並不比你們所承認的那些暗示更微妙。

（在十點五分停頓很久。）你們說，資料儲存在染色體裡，而以某種方式串在一起。且說在生物學上，那是直接認知。內在感官以同樣方式直接感知。對你們來說，語言意指文字，文字永遠是情感或感覺、意圖或欲望的象徵。直接認知不需要象徵。第一種語言，最初的語言，不涉及形象或文字，卻是處理直接認知資料的自由之流。

一個人好奇一棵樹是怎麼樣的，就變成一棵樹，而讓自己的意識流入那樹。人的意識，以愛的偉大好奇心，與其他種類的意識混合、合一。一個小孩不止是看著一隻動物，卻讓他的意識與那動物的意識合一，因而到某個程度，那動物透過孩子的眼睛看出來。

（停頓良久。）以最難解釋的方式，人在殺死一隻動物之前，「吸收了」牠的靈（spirit），因此那動物的靈與他自己的合一，於是，在取用動物的肉時，獵人相信他給了那動物一個存在的新焦點。他可以抽取那動物的力量，而那動物也可以參與人類的意識。因此，自然與靈是一樣的。

（在十點二十二分有兩分鐘的停頓。那資料的最後一段可以給今日人類行為一些線索。人殺死動物——吃掉牠們——為了他的意識已遺忘了的理由。今日他的殺生至少建基於直覺的了解……令人奇怪不知人殺人是否也為同樣的理由……）

你們自己的那種焦點是由這樣一個背景升起，因此於自己內在，包含了無數你們並不知覺的意識。透過你們自己特定的焦點，自然界的意識混合而形成一個合成物，在其中，好比交響曲能浮現。你們不僅是為自己行動，而且還是為那些你們故意遺忘了的其他種類意識行動。當遵循自己的目的——那是你們的——也達到了那些你們已遺忘的其他意識之目的。

在思考自己私人的念頭時，你們也增益了為其一部分的一個更大心靈與精神實相。你們的語言規畫了感知，而就如它們便利了你們的溝通，以某種說法也限制了那溝通。

（停頓。）不過，當一位音樂家寫一首交響曲，也並沒有用到所有可用的音符。他有所選擇與偏愛，可是他的選擇是建立於對可用資訊的知識。同樣，你們的語言是建立於對更大可用的溝通之內在知識。那麼，語言的「祕密」無法在可用的聲音、重音、字根或音節裡找到，卻是在文字之間的節奏，那些停頓與遲疑，把那些文字放在一起的「流」（flow），以及連接口語與視覺資料的未說出推論裡找到。

（在十點三十七分停頓良久。）作為一種族類，「你們」尋求某種經驗。個人地，並且作為一個部落或國家，你們追隨某種「進程」——然而如此做時，你們也對整個自然有所作為。你以被變質了的形式（transmuted form），把消耗的所有東西意識收入你的身體。

（十點四十一分。）那些意識然後混合，而以你稱為是自己的方式去感知世界。透過你的眼睛，那些野獸、蔬菜、鳥類和灰塵，與你同時感知黎明與陽光——如你，而在另一方面，你的經驗卻也是自己的。

（十點四十四分。）當你開始與自己以及他人的經驗失去了直接溝通時，語言才浮現出來——到某個程度這應說是真的。因而語言是直接溝通的一個代替品，文字符號象徵你自己或別人的經驗，同時也使你們與那經驗分離。

你們所感知的視覺資料近於視覺的語言；所看到的形象就像是視覺的文句。一個物體呈現給你視覺感知，因此你能安全地從外面去感知它。你們所見的物體也是象徵符號。

你們休息一下。

（十點五十分。珍有與今晚的課相關聯的「奇怪感覺」。她覺得多少有些迷失方向，卻無法清楚解釋到底是以哪種方式。在傳遞資料時，她做了許多長長的停頓——我指出了一些——但當在出神狀態時，她毫不在意。她說在那種時候，她是「等那些資料集合起來而自己轉譯」。它們的原始狀態完全不是語言性質的。在十一點十三分恢復。）

現在：魯柏的奇怪感的確與今晚的資料有關。不論為時多短暫，他曾涉及一個過程，使他能達到口語或形象的語言之下。

以一種說法，他接近了感知的另一個門檻，而借我之助把那些資料轉譯為所給的資料。他覺得好像做了一個長途旅行——他是有旅行，雖然以你們認知的說法，那並非有意識的旅行。與你們視覺與口語文化相連的訓練，阻止了完全的轉譯，但借我之助，魯柏把通常得不到的資料放在一起。在你們的知覺中有空隙，那實際上是充滿了資料的，而魯柏讓這些匯聚起來——可以這樣說。他會變得更熟練，但為了那個理由，我現在將結束此節。

他感覺好像意識被拉扯得脫了形，以某種方式，這就像如果你以一種新方式運用肌肉，它們會產生的感覺。

讓他休息。以一種難以描述的方式，他對自己意識內的距離變得有所覺知。在神經方面，他變得與語言之下的東西——那未被表達的內在節奏——有某程度的熟悉，而感到在文字與時間感之間的奇怪聯繫。這使他困惑，因為這是直接感覺而非口語能表現的資料，他將「很快地」重新調適。

此節結束。

（「賽斯，謝謝你。」）

（十一點二十五分。珍說：「我只覺怪怪的，好像我曾在一個地方，那兒太平滑了，而令我的意識什麼都抓不到。」她不容易把她的感覺變成文字。「然而我感覺好像一直在那兒做事——當賽斯在講課時，我同時以不同的方式感知。」她也感覺賽斯曾將一些現在已被遺忘的經驗轉譯到這一課的資料裡。

（珍的奇怪感覺在我們上床時已過去了。不過，第二天早晨，她報告曾有過一些當時光輝燦爛又清楚的夢經驗；她曾在其中「感知形象或物體為語言」。）

Chapter 07 心靈，語言，神祇

第七七九節　一九七六年六月十四日　星期一　晚上九點十七分

（在第七七八節裡賽斯沒有為此書口述，而代之以討論利用X光和健康的關係。我們希望有一天能印行他的資訊。

（如在其他賽斯書裡提過的，珍有自己身體上的麻煩。今年春天，她開始享有一長段又一長段的身心放鬆，和身體的進步。上週沒有上課，因為她正「隨順著」另一串這種有益的事件。

（昨晚當她躺在床上時，又有一節很深沉的療癒——她說有兩個多小時「沉迷」於一種近乎狂喜的狀態，同時感受療癒的效果湧過她。我今晨提醒她為這經驗做個記錄，但其後效加上新的療癒感受是如此強烈，以致她無法集中精神去做這事；她只寫了一或兩段。

（事實上，珍在今晚的課之前已相當地「置身事外」，但仍決定試它一試。）

晚安。

（「賽斯晚安。」）

口述，而魯柏繼續在復元。我們將開始下一章，題目是：〈心靈，語言，神祇（gods）〉——神字小寫。

你對**神**（God）——大寫——的任何問題，幾乎都可以同樣合理地拿來問心靈。你似乎覺得認識自己，但對你心靈的存在卻是全靠著信心。你再好也不過以為你所知道的心靈（psyche）就是你，而又抱怨本來就不認識你自己。當你說：「我要找到我自己。」你通常認定那兒有一個完全的、完成的、做好了的自己版本（version），而把它錯置在某處了。當你想要找到**神**，也是常以同樣的方式在想。

且說，你始終都是「不離自己左右的」。你<u>一直在變為</u>（ever becoming）自己。以某種方式來說，你自己的那些模式從四面八方聚集而「組成」了你。你無法不是自己。生物上、精神上、心靈上，你都是顯而易見地與其他人不一樣，而且沒有傳統習俗的外衣能隱蔽那無可形容的獨特性。那麼，你不可避免地非是你自己不可。

（在九點二十七分停頓很久。）某方面來說，身體上，你是一個與別人溝通的「分子的語言」，一個有自己特異性的語言。彷彿你說的是一種被接受的語言，卻帶著一種生物性的土腔，自有本身的味道和意義。

當你問：「我的心靈或靈魂是什麼？我又是誰？」你當然是在尋找自己於已知自己之外的意義。就那脈絡而言，你對**神**就像對自己那樣的既知道又不知道。**神**與心靈二者都經常在擴展中——無可形容，而總是在變為。

你極可能會問：「變為什麼？」對你而言，通常所有運動似乎都朝向某種完成的狀態移動，因此你以變為完美或變為自由的方式來想。「變為」這字詞本身似乎把你懸在半空中，可以說懸而未決。如果我說：「你在變為已是的你。」（You are becoming what you already are.）那麼我的說法聽起來毫無意義，因為如果你已是，你怎能變為已經完成的什麼東西？廣義來說，「你是什麼」（what you are）總是比你對自己的認識要廣大，因為在肉體生活裡，你無法趕得上自己心理與心靈的活動。

再次，以某種方式而言，你的身體講一種生物的語言，但以那種說法，最起碼你是雙語的。你與某些種類的組織打交道，它們可以被視為生物的動詞、形容詞與名詞。這些造成某種能與句子相比的時間順序，譬如說，它可從一邊向另一邊寫和讀。

假裝你一生的經驗是一本書的一頁，由你來寫和讀，並從上到下、從左到右，一句句、一段段地經驗，那是你所知的你——你所了解的世界觀。但也有其他相當合法的「許多你」（yous），可以倒過來寫、讀與經驗同一頁，或讀完每個字後再倒念回去，像你讀一行數字那樣。或其他的你也能以一種完全不同的方式把這些字相混重組，形成完全不同的句子。還有另一個更大的你，可能知覺體驗那特殊一頁的所有各種方法，而那一頁是你所了解的自己一生。

你以為自己意識是身體實相唯一合邏輯的終極。並以某種被接受的方式讀你自己。可是，純就身體來說，在「生命全書」裡，當你自己的生物意識或生物語言的其他部分，與世界整個活生生的質地相關聯時，在相鄰層面存在著你未能感知的相互關係。就身體而言，你活著是因為心靈、靈性與生物的下層結構（substructure）之故，而你對它們幾乎完全沒有任何理解。

不過，這些都暗含在你自己意識的本質裡，否則如你所知的意識便無從存在。就像語言不僅由它所包含的、也由它所排除的東西來獲致其意義，因此你的意識也由排除以達到其穩定性。

（九點五十五分。）「你是什麼」暗含在你本質上所不是的東西裡。同樣地，你之所以是你，是因為你所不是的東西之存在。

（停頓良久。）你讀你自己，從那一頁的頂到底，或從你所認為的起頭到結尾。可是，你較廣大的實相是以其強度大小來被閱讀的，因此心靈以一個不同方式把你組合起來。心靈不計時間，對它而言，你生命中強烈的經驗同時存在。以你的話來說，它們將是心靈的現在。不過，心靈處理可能的事件，因而某些事件——也許有些你夢見但沒有實現的——對心靈來說相當地真實。它們對心靈來說，比大部分平淡卻確切的實質事件——如昨晨的早餐——遠為真實。

心靈的內在事件組成更大的經驗，實質事件由它而來。它們放出一種靈光（aura），幾乎是神奇地把你的生活變成自己所有。即使有兩個人在生活中同時遭到完全相同的事件，他們對實相的經驗仍然很難說是幾近相同的。

你們休息一會兒。

（十點九分到十點三十分。）

再次，你以一個特殊、專門化的方式來讀自己的身分。

可是，在你自己的生物經驗之內，植物、礦物、動物和人類意識相交。它們彼此相遇。以你自己講的語言來說，這些遇合就好似口語中暗含的停頓。於是這些其他類意識形成內在韻律，而你將自己的交疊於其上。

這些意識的相遇經常在進行，而形成它們自己一類的相鄰本體（adjacent identity）。也許你將稱它們為意識的亞種（subspecies），但它們是真正的本體，以一種橫貫物類（trans-species）的方式運作。

如果以這樣一種方式從側面「讀你自己」，你會發現自己意識的某部分延伸出去，橫越過你所知的地球整個結構——變成地球物質的一部分，正如那些物質變成你所認識自己的一部分。你的意識將更不被囿限，時間也將毗連著擴展。不過，你認為自己實質上是「萬物之靈」，與其他物種和其他類生命分開，因此實際上，你限制了自己對心靈的經驗。

如果你以這樣一種方式思想或感覺，那麼你會欣賞這生物性的事實，即你的身體之所以是你的，是藉著它自其中獲取養料的礦物、植物和動物之生命。你將不像你常感覺的那樣囚禁在一個肉體形式之內，因為你將了解，這身體本身能夠維持它相對的穩定性，乃是因為它與地球物質之間經常的取與予，而這些物質本身也擁有意識。

到某程度你能感覺身體經常地聚合又分散，而了解如何在它之內飛翔，不怕當它解體時你會毀滅。

（在十點四十七分停頓很久。）當你問「我是誰」時，是在試圖讀你自己，好像你是已寫好的一個簡單句子。反之，你一邊前進一邊寫你自己。你所認知的句子，只是許多可能變奏中的一個。是你，而非任何別人，選擇你要實現的經驗。你自發地這樣做，就像你說話一樣，理所當然地以為一個句子開始了就會結束。你正在「講出你自己」之中。這講話即你的生活，它好像是自己發生的，因為你在不知不覺中維持自己活著。不論懂不懂解剖學，你的心都在跳。

（在十點五十五分停頓很久。）等我們一會兒……你以太狹窄的方式讀你自己。大半與重病及死亡相連的痛苦，乃源於你對自己持續的實相沒有信心。你抗拒痛苦，因為你尚未學會超越它，或不如說利用它。你不信任身體自然的意識，因此當它的終結近了時——而這樣一個終結是不可避免的——你不信任身體給你的信號，那是意謂要放你自由。

某些痛苦自動地把意識彈出身體。這種痛不可言傳。因為它是痛苦和快樂的混合，一種掙脫到自由，而自動地帶來一種意識上幾乎令人歡暢的釋放。這種痛苦也是很短暫的。可是，在你們現存的系統之下，常常用了藥，在那情形，痛多少減到最低，但卻拖長了——不能發動自然的釋放機制。

如果從毗鄰處讀你自己，你將對身體以及那些形成它的合作意識建立信心，也將對身體的療癒過程有種密切的覺察。你不再把死亡當作滅絕而害怕，卻將感覺自己的意識從如此親切地扶襯它的其他意識之中，溫和地掙脫開來。

稍微休息一下再繼續。

（十一點九分。賽斯叫停，因為電話開始響了；我們在課前忘了把它關掉。他在十一點二十分回來，給了珍和我一、兩頁資料，然後在十一點四十五分結束此節。）

第七八〇節　一九七六年六月二十二日　星期二　晚上九點十九分

（當我們等著開始上課時，珍提醒我說，她想賽斯今晚會為她自己談保羅・塞尚的書寫個序言。今天早先她就有這樣的感覺。

（她笑道：「那豈不有趣？但我們也曾為賽斯的書寫序，那他給我寫個序也是應該的呀！」先前曾提及的塞尚資料——見珍為此書所寫的序——已自行發展成了一本羽翼豐厚的書。

（有意思的一點附記：今天緊鄰艾爾麥拉周圍的地區有相當大的洪患，不過這裡沒受到什麼大影響。無論如何，珍和我這次在我們的小山丘上安全而乾爽——與在《個人實相的本質》中所描述的，我們在一九七二年大洪水中的經驗，有絕大的不同。那件事之後，我們決定洪患是我們不必要有的一種實相！）

晚安。

（「賽斯晚安。」）

口述。（停頓良久。）你是世界的一部分，卻也是你自己。這不會引起你的混淆，而你在跟隨自己的身分感上並無困難，即使你隨處都被別的個人環繞。

用這個作為比喻，你是你的心靈或靈魂的一部分，居於其中，輕易地跟隨自己的身分感，即使那心靈還包括了你自認為自己之外的其他身分。你自世界汲取養分，透過它的媒介而成長。你貢獻能力與經驗，幫助形成世界的文明和文化。到相當大的程度，你與自己的心靈有著同樣的關係。

透過一般的通訊方式，你能知道本國之外所發生的事——縱使你並沒旅行到那兒去。新聞傳播使你獲知全世界的情形。

且說，也有內在的「傳播」時常進行著——不過，你並沒「有意識地」對它調準頻率。這些傳播使你與自己心靈的其他部分保持經常的聯繫。你是如此地為世界的一部分，以致你最微小的行動都對其實相有所貢獻。你的呼吸改變了大氣。你與其他人的遇合，改變了他們的、以及與他們相遇的那些人之生命質地。

你很容易看出細胞如何構成身體——那是說，至少你明白細胞活動的合作本質。一個細胞的變化，立刻在其他細胞間引起改變，而帶來一種不同的身體行為。要你了解自己行動和他人行動共同帶來世界的事件，總是較為困難。一方面，每位讀者只是於任一特定「時間」活在這星球上的一個個人；這個個人看來可能沒有多少力量。另一方面，每個活著的個人都是必要的；說世界隨著每個個人開始與結束是真實的。那是說，你的每個行動都是如此重要，促成了那些你所不識之人的經驗。每個個人都像是個中心，而世界繞著他運行。

舉例而言，如果你沒做今天所做的事，整個世界會多少有所不同。

以你不了解的方式，你的行動如微波般向外發出與他人的經驗交感，因而形成世界的事件。最有名和最沒名的人，透過這樣一個結構互連。而一個看似渺小不重要的行動，可以在最後改變你們所謂的歷史。

（九點四十一分。）兒童們常覺得世界與時間隨著他們的誕生開始，他們靠信心接受世界的過去。以很重要的方式來說，這是十分合理的感覺，因為，除了以私人的行動，沒有一個人能從自己以外的任何其他觀點去體驗世界，或去影響它。群體地說，個人的行動顯然地肇始了世界性的事件。

以形而上的術語來說，你多少以相同的方式在你的心靈或靈魂裡存在。身分顯然主要是心靈上而非物質上的環境。物質的實體不能彼此互相穿透，就如一張桌子不能穿透一把椅子。精神事件的行為卻不同，它們能相互摻雜混合，且彼此穿透，而仍能維持自己的焦點。它們能以事件於實質層面交感的同樣方式，在心靈層面交感，卻沒有實質的限制。那麼，你雖然是你心靈的一部分，你的身分感仍然是不可侵犯的，它不會在一個更大的自己中沉沒或消滅。它帶著自己完整性的印記——一個神聖的記號，跟隨自己的焦點，自知其為自己，縱使當它作為自己的存在可能只是另一個「身分」的一部分。

因此更進一步說，並沒什麼事阻止自己去探索這另一個更大的身分，或移向它之內。當這發生時，兩個身分都被改變了。廣義來說，心靈或靈魂從未以已經完成的產品或存有之方式存在。另一方面，它永遠在變為，而那變為發生在它自己的每個部分上。

你的肉體姿態和存在本身，就是依賴你通常無所知覺的心靈實相，或你靈魂存在之各部分。不過那些部分也是依賴著你的存在。

（在十點一分停頓很久。）你把你的呼吸、動作視為當然，雖然它們是無意識地產生的。不過，以某種說法，你「一度」必須學習如何做目前不是有意識地關注的這些事。在實相的其他層面，你目前有意識宣稱為自己的活動——以那些相同方式並由其他觀點——變成了無意識，供給了其他身分所從出的一個心靈歷史（psychic history），就彷彿你自己的身分從無意識的肉體活動裡浮出一樣。

你們休息一下。

（十點五分。珍說「那是很難取得的資料」，雖然她的傳遞很順暢。「它是那種你一邊進行一邊解開的東西。很難用語言表達……」在十點二十五分以同樣的方式繼續。）

以某種非常確定的方式而言，一個人的存在就暗示了所有其他曾活過、或將活著的人之存在。因此你自己的存在由其他每個人的存在所暗示，而他們的存在也由你的存在裡暗示出來。

我說過語言主要是由聲音之間的停頓與遲疑而獲得其意義。它們顯然也由那些沒有被採用的聲音獲得其意義，因之任一語言也暗示了所有其他語言的存在。到那程度，所有其他的語言，無聲地居於任何特定被說出的語言裡。這同樣也適用於寫在紙上的語言。寫下的文字因它們的安排而有意義，並且就正因為它們從那些未曾出現的文字中間被選中了。

以同樣方式，你集中焦點的存在，是依靠所有那些非你的其他存在。你是他們的一部分。你依賴他們的存在，雖然你主要是你而非他人。

不過，這同樣適用於任何人。他們每一個都變成主要的焦點或身分，在其內暗示了所有其他人。以普通的說法，你沒有「造成你自己」。你就像一個活生生的語言，由一個人說出來，而他並沒創生這語言——這語言就在那兒供你用。在這種情形，那語言是一種分子形式的，說出你的肉體存有。那語言的要素或形成肉體的土地要素，在你出生時就已被創造，就如你特有語言的字母已擺在那兒備用了。

那麼，你肉體生命的本身就暗示了一個「源頭」，一個肉體生命自其中冒出的生命——這被暗示的、未言明的、未物質化的、無聲的活力（vitality），供給了實質的、肉體的、分子的「字母」成分。因此，你的肉體生命，暗示一個非肉體的生命。你把你的特定「語言」如此視為當然，而如此不費力地用它，以致你想都沒想它暗示了其他語言，或它獲得其意義是因為那些從未說出的內在假設，或由於運用了在其間沒有發出聲音的停頓之事實。你也以相同的方式過你的生活。

（十點四十九分。）語言有許多種，雖然大多數人說一到兩種，或至多三種。語言也有口音，每種多少有所不同，雖然同時你仍會保有任一特定語言的原始完整性（original integrity）。因此到某程度，你可以學會帶某種口音地說出自己——說我笑了（譯註：賽斯有濃重歐洲口音）——在那情形，你仍舊是你自己，而容許自己採取另一「語言」的某些屬性。

你可以對世界有不同的讀法，而仍維持自己的身分。或你能移入自己的另一個不同國度，在那兒以不同口音說你的本國語。無論何時，當你收聽通常不予注意的廣播時，就多少在這樣做了。那新聞有些外國味，同時它們也是以你所知的語言詮釋的。你得到了一個實相的轉譯。

永遠處在變為情況的心靈，顯然沒有精確的界限。再次，一個個體的存在暗示了所有的存在，因此，任一特定心靈也因其實相所依賴的其他心靈存在而變得顯著起來。一個電視台以相同的方式存在，因為如果沒法收視某一台，理論上也就沒有任一台可收視。

那麼，這些內在的通訊，向外通往每個方向。每個身分在心靈更廣大的實相內有其永恆的效力。於是，在一個層面上，任一人在與自己心靈接觸時，理論上能接觸到任一其他的心靈。生命暗示死亡，而死亡暗示生命——那是用你們世界的說法。以那種方式來說，生命是一個說出來的要素，同時死亡是生命所依賴的要素，「隱在其下」，沒被說出卻仍然在場。兩者同等地在場。

要有意識地獲得你平時可得知識之外的知識，你得注意那些停頓，注意語言裡所暗示的成分，注意生命中可認知經驗所依恃的任何覺受到之特質。你能獲得各種資訊，但它仍舊必須透過你自己的焦點或身分來感知。

我曾說過，所有的事件同時發生——一個難以了解的評論。其一強調另一個所忽略的。因此，其他的可能性強調那些在你們實相的所有身分也是同時發生的，每件事改變了其他每一件事。現在的事改變了過去的事。任一件事暗示了那沒有「浮現」的、未被「說出」的可能事件之存在。實質的世界事件因此依恃著被暗示的可能事件之存在。不同語言以其自己奇特的方式利用聲音，有其自己的節奏，其一強調另一個所忽略的。因此，其他的可能性強調那些在你們實相裡只被暗示（當作停頓）的事件，因此你們的實質事件變成了被暗示的可能事件，而其他的世界依賴其上。

你們休息一會兒。

（十一點十三分到十一點二十三分。）

現在：口授——不同的一種——為魯柏的書。我們將開始一篇序言。

（現在賽斯帶著明顯的熱心，輕易地從他自己的書轉移到這新題目——珍的《保羅．塞尚的世界觀》。在我們課裡，這是他首次在一個晚上傳遞了有關兩本書的資料——雖然他今晚並沒有結束他為塞尚的工作。

（此節於十一點四十一分結束。）

第七八一節　一九七六年六月二十八日　星期一　晚上九點十五分

（賽斯把此節的第一部分用作繼續給珍的「塞尚」書的序言——而仍未結束。然後在十點一分。）

現在，為本書——我的書——口授。

那麼，以一種方式來說，你以一種自己私人的方式使用原子與分子的語言。你在宇宙中做記號，以你自己的身分給它印象、蓋上「戳記」，或刻印其上。因此（以那種說法）它永遠認識你為你而非他人。於是你是被認知的。

廣義地說，當你說自己的語言時，宇宙同時也在說「你的」語言，因它不斷地把自己轉譯進入你私人的感知。記住，我說你住在你的心靈裡，多少像你的身體住在世界裡一樣。

那個世界有許多語言。實質上，你就像一個住在你心靈內的國家，擁有自己的語言。人們總在尋求主要語言（master language），或找一種特定語言，而所有其他的語言都從它顯露出來。以某種方式而言，拉丁語是一種主要語言。以相同的方式人們尋求神祇，或一位**神**，從中所有的心靈顯露出來。這裡你們在尋求暗示的源頭，未言明、看不見的「停頓」，那給語言或「自己」一種表達方法的內在組織。語言終於變得古老。有些字在一種語言中全然被遺忘，卻在另一種語言中以另一變形躍出。不過，所有俗世語言都由於停頓與遲疑而統一起來，而種種不同的聲音，就依恃在這些具特色的停頓與遲疑之上。

即使是在語言之間明顯停頓的改變，也只因有個暗示、未言明的內在韻律而有其意義。歷史性的神祇們變得同樣的古老。它們的不同常常很明顯。當你在學習一種語言時，似乎涉及了很大的神祕；但當你在學習關於心靈的本質時，一個甚至更大的未知氛圍存在著。因此，心靈的未知部分和它更大的地平線常被感知為神，或更大的心靈，而自己從這心靈中露出——就如拉丁語是拉丁語系之所源出。

（十點四十分。）等我們一會兒……你用普通的語言和同伴們說話。你寫歷史和通訊。許多書是為了被閱讀而寫，而不是為了要大聲念出來。那麼，透過寫下的語言，溝通被大大地擴展了。可是，在直接的接觸裡，你不止碰到對方所說的語言，那說話的人本身也在場。口說的語言被微笑、皺眉或其他手勢加以潤色，而這些增加了說話的意義。

當你讀一本書時，常默念那些字，就像是用一種更具情感的直接性來加強它們的象徵內容。可是，心靈的語言遠為豐富多彩，它的「文字」活了起來，它的「動詞」真的在動，而不止是表示或代表動態（強調地）。

它的「名詞」變成了它們所表示的東西，它的語尾變化是多次元的，它的動詞和名詞能變為可以互換的。以一種方式，心靈是它自己的語言。「在任一特定時間」，它所有的時式皆為現在式。換言之，它有眾多的時式，全都在現在，或是它有各種眾多的現在式。在其內沒有「文字」死亡或變得古老。這語言即是經驗。那麼，心靈上來說，你能也不能說那兒有一個源頭。當你問：「有沒有一個**神**？或一個源頭？」這問題的事實本身就表示你誤解了題目本身。

以同樣方式，當你問：「有沒有一個主要語言？」很明顯的，你不明白語言本身是什麼。不然你會知道語言是依賴著其他隱含的語言；這兩者，或所有語言，是它們自己，卻又不可分離。它們是如此密切地連結，不可能分開它們，儘管你的注意力可能只集中於一種語言。

因此，心靈及其源頭，或個人和**神**，是如此不可分地互相連結，若企圖要找到其中一個與另一個分開，就會自動地混淆了主題。

你們休息一下。

（十一點一分。珍的傳遞相當專注。在休息時她得到靈感說，賽斯給的塞尚資料將有兩部分——其一是講世界觀，另一則比較是講塞尚及其世界觀。她問道：

「那這本書我該如何命名呢？」十一點二十五分。）

物質世界就暗示了一個**神**的存在。**神**的存在也暗示了一個物質世界的存在。

這個聲明暗示那未被言明的，而反過來說也成立。

因此之故，否認個人的有效性或重要性，也就是否認**神**的重要性或有效性，因為這兩者一個存在於一個之內，而你不能分開它們。

從實相的一端你叫道：「**神**在何處？」而另一端傳來回答：「我即我。」從實相的另一端，**神**叫道：「我是誰？」而在你之內找到祂自己。因為你是源頭的一部分，而每樣顯示出的東西同樣都是。因為**神**在，你在。（Because God is, you are.）因為你在，**神**在。

在一個有意識的層面，當然你並非**神**的全部，因為祂是你自己未言明、未顯示的部分。你的存在依賴著那未言明的實相，就如一個字母依賴著它存在所暗示的內在組織一樣。以那種話來說，你未言明的部分「回溯至一個稱為**神**的源頭」，就如同各種不同的語言能被追溯到它們的源頭。主要語言能被比喻為歷史性的神祇。每個活著的人是活生生的**神**之一部分，一生被自然的卓越宏大力量所支持，那即是**神**

轉譯成了地球與宇宙的素質。

口述結束。等我們片刻……

（十一點四十分。現在賽斯為珍傳遞了一些資料，然後於十二點九分結束此節。）

第七八二節　一九七六年七月五日　星期一　晚上九點五十六分

現在：口述。

你們日常用的語言講的是分離、區別與分辨。到某個程度，你的語言組織你的感覺與感情。不過，心靈的語言能應用更多象徵，比起字母來，它們能以更多的方式被組合。

在日常用語裡，物件有特定的名字。顯然名字並非物體，而是符號。可是，即使這些符號也把你自世界中分離出來。你是感知者，而世界被客觀化了。舉例來說，你自己能了解心靈的本質遠超過你以為的。可是，要做到這個，你必須把日常語言至少暫時遺留在後面，去注意自己的感覺和想像。你的語言告訴你某些事是真的，或是事實，而某些不是。然而，許多你最栩栩如生和動心的感覺，並不符合語言的事實，因此被你棄之不顧。

不過，這些情感經驗常常表現了心靈的語言。你並非不可能了解你的心靈，而是常常試著以一種最困難的方式——透過日常的語言——去了解或體驗它。

想像屬於心靈的語言。為此之故，它常給些與日常語言建基其上的基本假設相衝突的經驗，因此想像常被視為嫌犯。

你可能一個人站在門口或一片草地上——甚或一條街上，四周圍著大城市裡的許多人——抬頭仰望，突然被掠過頭上的大堆雲朵所動，而感到你自己是它們的一部分。你可能暫時經驗到一種很深的渴望，或感覺自己的情感突然充滿了那同樣動人的莊嚴，因而有一剎那，你和天空似乎合而為一。

（在十點十二分停頓。）當你照著世俗語言的模式思想時，它告訴你，你的想像不切實際，顯然你是一回事，而天空是另一回事。你和天空不相等——或（覺得有趣地）如朋友史波克（譯註：舊影集「星際迷航記」中的要角）會說的：「這不合邏輯。」在短暫地令你發呆之後，這感覺很快就褪色了。你可能心曠神怡，卻通常不把那感覺當作任何合法實相的一個聲明，或你心靈存在的一個代表。

不過，情感和想像卻使你與自己實相的其他部分有最親近的接觸。它們也解放了你的理智，因此它的力量並不被局限於你被教為事實的那些觀念。反之，這種觀念是相對的真實——在實際運用上是真實的。舉例來說，你熟知的物理定律在你所在的地方作用。相對地說，它們是真的。以那種說法，你是實質地具體化的一個人，在剛才說到的情景中，向上仰望一個具體的天空。你的體重是若干，以如此這般的角度抬起頭向上看天空，而實質地說，你可以被歸類。

以那同樣的說法，雲可以被物理地度量，而顯出是高於你這麼多——由特定速度的風組成，且將要傾倒下一陣精確分量的雨等等。那麼實質地說，你顯然是與雲分離的，因此以那種說法，你短暫地與它們合一的經驗看來像個謊言——至少是非事實，或是「你想像的產物」。

其實，這樣一件事正是心靈知識的直接表現。心靈感覺到它與自然十分合法的認同，運用了它的可動性，而感覺自己的情感力量躍起。在這種情形之下，你的情感會暫時地被放大——上升到一個更高的力量。我可以舉出許多這種例子。因為每一天，你的心靈都顯示它自己更大的存在證據——那些你被教導而予以忽略的證據，或因它的非事實性而棄之不顧的證據。

想像的事不是真的。你在孩提時受到這樣的教導。可是，想像帶你與另一種不同的真實、或一個不同的架構相連，在其中，經驗能被合法地感知。心靈的較大真理存在於那個次元。

（十點三十二分。）從那次元你選擇實質的事實。思想是真的。當然，只有一些思想會轉變成實質的行動。可是，即使上一句的聲明也可能會被曲解，在通姦的思想及其實質的表現之間，顯然仍有個分明的不同。

你不能以如此一板一眼的態度去處理思想與想像，大多數時候，你也不應試圖「看管你的思想」，好像它們是你要保持血統純淨的一群動物。你的思想的確形成你的實相。然而，如果你不害怕它們，它們會創造自己的平衡。心靈居住在與你通常認知的世界如此不同的一個實相，以致你以為在那兒，實際作用上或相對性地，善與惡也有其真實性，就好像你以為觀者與被觀者在那兒也是分開的。

你們休息一下。

（十點四十二分。珍說：「我不覺得我今晚很專心。」雖然她的傳遞進行得滿順的，而資料也很好。在十一點五分恢復。）

你們被教導，夢是想像的事件。

廣義地說，質問夢是否為真，是無用的，因為它們本來就是真的。可是，如果一個夢的事件後來成為事實，你就的確會認為它是真的。

在心靈的生命裡，一個夢不論是否於醒時的生活中復現，都不使它更真或更不真。夢的事件發生在不同脈絡裡——你可說，是個想像的脈絡。因此，這裡你經驗到一個自己獨立存在的有效實相，在其中，心靈的語言被給予了更大的自由。

有些人也許試圖記住夢，但沒有一個人必須與夢的實相連結，到如同與實質生活連結的程度。

不過，到某個範圍，當你做夢時，你形成實質的事件。那時，不受醒時的限制，你過濾經驗，照自己的意向和目的來衡量它，把它與那麼廣大而你不可能有意識覺知的資訊相連。在大半的夢裡，你不止是想到一個情況，你在想像裡變成其一部分。除了在實質的事實外，以其他各種方式而言，夢都是真的。

當你遇見任何事實時，都碰到某種創造力的尾巴。可是，心靈將事實帶入存在。在那實相，一個所謂的事實是同樣地真或同樣地假。你所記得的夢已經是一個更深經驗的轉譯。

夢為你而演出，以連結心靈的感知和做夢的自身感知。夢被用作戲劇，把經驗從心靈的一個層面轉移到另一層面。在睡眠的某些部分，你的經驗進入如此廣大的存在區域，所以夢被用來將這經驗轉譯給你。

做夢的能力來自那個源頭。做夢不是個被動的活動。它要求各種意識奇特而明確的混合，並且把「非肉體的感知」轉變為象徵符號與密碼以被感官所了解——雖然不像醒時經驗那樣直接地被體驗。

你視做夢為當然，它卻是一個特有能力的結果，那能力帶來了你稱為有意識生活的非常主觀感覺，沒有它，你正常的意識將不可能如此。

再次，一種口語依賴著所有其他可能被說出的語言，而就因為在它們之間的寂靜與停頓，它的聲音才上升到主要的地位和次序。因此，你的醒時意識是依賴被你視為睡著或做夢的意識，而依賴自己其他可能的版本，以差不多類似的方式升入主要地位。以你們的說法，它能保持警醒，只因在它的警醒之內所隱藏的停頓。

（十點三十三分。）不被界定為實質事實經驗之存在，是做夢能力的先決條件。它也預設了更大的自由，其中，感知力不依賴時間或空間，那是一個物體能在其中同樣輕易地出現或消失的實相，一個個人以最直接的方式自由表現的主觀架構，卻沒有通常所說的身體接觸。

那實相代表你的起源，是你心靈所居的自然環境。你的信念、文化背景、到某個程度的你的語言，築起障礙，以致這夢的次元在你看來似乎不真實。縱使當你抓住自己處在最生動的夢的冒險裡，或發現自己在做夢時旅遊於軀體之外，你仍然不給這種經驗與你的醒時經驗同等的確實性。

你們休息一下。

（十一點四十二分到十一點五十五分。）

主觀地說，你到處為自己更廣大的實相所包圍，卻不向對的地方看。你被教導不去信任你的感覺、你的夢或你的想像，就因為它們不適合被接受為事實的實相。

可是，它們是事實的創造者。我無意在任何方面藐視理智。不過，就是在理智上，事實世界的專橫握有最大的支配力。理智被剪掉了羽翼。它的活動範圍被限制了，因為你只給它事實去運用。

從生物性來說，你們十分有能力兼顧做夢與醒時的實相兩者，而在那方面形成一個遠為有效的合成品。你所有創造性的衝動都從那隱蔽的次元升起——就是那衝動本身，形成你們最偉大的城市、你們的技術，以及那維繫你們文化組織世界的實質水泥。

那創造性的衝動在你們的語言背後，但你們卻常用語言使得內在溝通緘默，而非解放它。一直有許多意識的節奏是在歷史上不曾顯著的。某些時代，有些行為主要是在醒時狀態表現，而有時則在夢境裡表現。這強調之處從來都不是固定的，而是一直在改變之中。那麼，某些時代，正常的行為是「更如夢似幻的」，而更特定的發展則在夢中發生，於是夢中行為成了兩者中較清楚或明確的一個。換言之，人進入睡眠去做他們的工作，而夢的界域被認為比醒時實相更真實。現在則剛好相反。

口述完畢。給你們我最衷心的問候。既然告訴了你所有如何去實行的方法，那麼我祝你在今晚的夢中有最令人興奮的經驗（覺得有趣地）。

（「好的。賽斯謝謝你，晚安。」十二點九分。）

Chapter 08 夢，創造力，語言，「可代拉」

第七八三節　一九七六年七月十二日　星期一　晚上九點二十五分

現在：口述。

（「好的。」）

下一章，我相信是第八章：〈夢，創造力，語言，「可代拉」（Cordella）〉。

你可以把「可代拉」放在引號裡。

雖然你未必察覺到，但你真的是以相當環狀的（circular）方式，來安排你的主觀生活。假裝現在這一刻像個輪子，而你的注意力在軸心。欲維持你所認為的時間動力（momentum），這軸與外圍的圓環架構以輪輻相連，否則只有軸心並不能帶你到任何地方，而你的「片刻」甚至連一個顛簸的旅行也做不到。

可是，你的時光之旅似乎進行得如此平順：輪子總是向前滾動。它也能向後滾動，但在你的意向裡，心中有個向前的方向，而向後走看起來會像是把你從目標引開了。

向前的運動將你帶出你似乎從中露出的過去，而帶你進入未來。因此看起來彷彿你計畫了一個經過時間的直線路線，卻從未悟到在我們的比喻裡，輪子的環狀運動也許可以橫截這向前之路。所以，現在的軸心是由「輪輻」維持在一起的。這些與你們的因果觀念完全無干。反之，它們關乎當你自己的心靈似乎在時間裡行進時的環狀運動。你經驗的每個當下此刻，依賴未來就如依賴過去，依賴你的死亡就如依賴你的出生一樣。可以說，你的出生和你的死亡天生就在一起，一個暗示著另一個。

除非你是那種會出生的生物，否則你無法死亡，你也不能有如你所想的那樣一個當下此刻。你的身體在它出生時就覺知死亡這個事實，在它死亡時也覺知出生。因此，以你們的話來說，死亡就與出生一樣的有創造性，對行動和意識也是一樣的必要。

（在九點四十分停頓。）不過，並不是那麼簡單，因為你時時刻刻住在許多小死與小生之中，那在身體和心靈上都留有記錄。意識上你通常對它們無所知覺。邏輯思考——用通常的定義——處理因與果，而依賴直線的時間順序為其架構。它一步步地向上建立，織入了你們的語言。按照邏輯思考和語言，你可能說：「今天我將去赴宴，因為上個星期我接到邀請，答應參加。」那說得通。你不能說：「今天我將去赴宴，因為我將遇見一個五年後在我生命中會是非常重要的人。」那在邏輯思考和語言來講是不通的，因為在後者，因果將同時存在——或更糟，果將會存在於因之前。

可是，在除了正常之外的所有意識層面，你很有效地處理可能性。細胞以選擇一個可能性而捨掉其他來維持其完整性。因此，輪子現在的軸心，只是一個主要的現在，操作上是有效的。如你們所想的因和果只因這轉動——我們比喻中輪子的相對性轉動——而出現。

因此，當你的眼睛注視著時間之路時，你忘了你存在的環狀運動。可是，當你做夢或睡眠時，因果世界不是消失就是顯得混亂。正常的日間影像混合而重配，因此那組合與在日光下看到的十分不同。統管生物與物體行為的法則，在夢中似乎不再適用。過去、現在與未來，以一種看似古怪的聯盟出現，如果你是醒著的話，將會在其中失落了所有精神上的立足點。心靈的環狀本質到某個程度顯示了它自己。當你想到夢時，通常想到的只是它的那些面向（aspect），而也許評論那奇怪的活動、怪異的位置及夢境生活本身的奇怪特性。很少有人對夢本身的條理感到驚奇，或對相對來說一個如此有限的實質架構中，那容許發生如此「有時壯觀」的事件之根本限制（ultimate restraint）印象深刻。

舉例來說，在一個二十分鐘的夢裡，你可以經驗通常要用上幾年時間的事情。身體在時間裡老了二十分鐘，只是如此。在夢裡，經驗是邊際性的（peripheral），它在你們的時間裡蜻蜓點水似地留下波紋；但夢裡事件本身則大半存在於時間之外。夢的經驗是以圓環方式被叫來的。有時，就你們的記憶而言，它根本沒有觸及你當下此刻——如你認為的——的軸心；然而夢存在（is），它在你存在的所有其他層面——包括細胞——都留下了記錄。

（長久的停頓。）你總是把經驗轉譯為你所能了解的用語，當然這轉譯是真的。那麼，你所記起的夢已是個轉譯，卻是被你經驗過的一個轉譯。再次，正如你所知的，一種語言是依賴著其他語言，且暗含著停頓和寂靜，因此你所經驗與記起的夢，也是進到顯著地位的一個心靈聲明，但它也是依賴著你記不起的其他事件。而你的意識，如現在這樣的作用，必定自動地將之轉譯成它的用語。

休息一會兒。

（十點十五分到十點三十三分。）

現在：於實質的層面，你的身體對你並未有意識注意的環境資訊反應。不過，那同樣的資訊對身體的統合性（integrity）非常重要，因此對你自己精神的姿態（mental stance）也很重要。

在細胞的層面，身體不僅對自己的現況有印象，並且對所有影響自身情況的物理環境各面，都有印象。例如，以自己的密碼性方式，身體不僅覺知當地的天氣情形，並且也覺知所有那些當地區域依賴的世界天氣模式。它於是在事前準備自己，以面對任何適應上必要的挑戰。它評估可能性，並對各種各類的壓力反應。

例如，你由觸覺覺知壓力，但在那感官的另一個版本裡，細胞對空氣壓力反應。以最精確的態度，身體知道涉及了所有各種放射線的度量。於是，在一個層面，身體本身對實相有自己的畫面，而你有意識的實相必須建基於其上——然而身體的認知方式或知識，以與你的意識如此歧異的方式存在，以致變得不可理解。因此，你有意識的條理，是建立在這較大的圓環式知識上。

一般而言，心靈對心理事件及環境有即刻的全盤理解，就跟你的身體對物理環境的反應一樣。於是它知曉有關你個人，以及就世界而言，你「當地的」全盤心理氣候。

你的行動看來如此平順，以致你未覺察到所涉及的條理。在世界一角的一座火山爆發，終將影響整個地球到不同的程度。一個情感性的爆發，在另一個層面也有同樣效果，主要是改變當地一帶，但也散播其微波到群眾的心理環境。那麼，心靈的實相畫面，在意識心看來也是同樣不可解，因為你通常的意識要求對單一性（singularity）的高度貫注。

不過，在那方面，你的夢常常讓你瞥見心靈的實相畫面。

（在十點五十一分長久的停頓。）你變得知覺到可能性，那些有時看似與你自己不相干的行動，但在你通常不理解的更廣大互動方案裡，可能性和你自己的行動仍然是有關聯的。

當你由一個嬰兒長成為成人，你不僅是長高；你到處都長，也增加了重量和厚度。到某程度，事件也以同樣方式「生長」，從內向外長，如你那樣。在夢裡，你比較接近事件誕生的那些階段。以你們的說法，事件從未來與過去露出，而存在於你所認為的生與死之間的創造性張力，使這些事件被給予了活力。

休息一下。

（十點五十七分到十一點十二分。）

你用語言字母來造句，把它們說出來或寫出來，用它們來溝通。事件也能以同樣的方式來想，有如用感官字母組合成的心理句子——那是非寫下而是被活過、經驗了的句子，形成被感知的歷史，而非好比說，只是被寫成有關歷史的一本書。

我說過，你們的語言到某個程度規畫了你們的經驗。不過，有一種感官的語言，給予你生物性的感知、經驗與溝通，形成你能感知的事件本質。它把經驗組合起來，使之可被實質地感覺到。你們所有寫的或說的語言，必須建基於這生物性的「字母」上。那麼在這兒，有比你們任何說的或寫的語言大得多的空間。

我用「可代拉」這個字，來表示這種語言所從出的源頭。當然，在你們的語言和身體之間有許多相互關係。你們說出的語言，甚或寫下的語言，是依賴你們的呼吸，也是依賴訊息能以多快的速度躍過神經末梢。生物性的「可代拉」於是必然是身體語言的來源，但「可代拉」本身從心靈更廣的知識升起，因為這更廣的知識，原本就形成了肉體的機制。

夢是心靈的一個語言，在其中，人的本質沉浮於時間之中。他有感官經驗。他跑——雖然他躺在床上；他叫——雖然他沒說出一個字。他仍有肉體的語言，然而那語言只是不為人知地與身體機制連接。他處理事件，但它們卻沒在他的臥室裡發生，或必然在任何當他醒來能找到的地方發生。

（較大聲：）口述完畢——此節結束。衷心祝你倆晚安。

（「賽斯，非常謝謝你。」）

（十一點二十六分。珍說就像是賽斯為今晚的課計畫了這麼多資料，當他講完了每件事，便告一段落。）

第七八四節　一九七六年七月十九日　星期一　晚上九點二十三分

（再次，此節的第一部分，賽斯全用來為珍的「塞尚」書作序。她忙碌地打字，完成定稿。至於我，仍在與我為《未知的實相》寫的註「奮鬥」。

（我們從十點休息到十點三十分。然後……）

我們的書。

訊息以如此的速度與數量流過宇宙，以致你至多只可能處置一小部分。

再次的，你的肉體感官，幾乎是像個生物性的字那樣，容許你組織與感知某種資訊，而由它形成你世界的事件，及你實相的輪廓。

你有意識的知識是寄於一個不可見、未言明的心理與肉體語言，這語言為有意識生活通訊及可認知事件提供內在的支援。這些內在語言構建成「可代拉」，那麼「可代拉」是心靈的組織單位元，而所有字母皆自此生出。字母暗示了「可代拉」，但不能包容它們，就如英語不能包容俄語、法語、中國語或任何組合一樣。如果你想說英語，不能同時說中國話。其一排除另一，即令其一暗示了另一的存在，因為到那程度，所有語言都有一些共同的根。

以某個方式而言，事件就像是語言被說出來的部分，卻是以一種活生生的形式說出來，而不只是一個聲音。這些是建基於感官的字母，而感官的字母本身是出自非感官的「可代拉」。一個句子是由字、言詞的各部分，動詞、形容詞、主詞與述語、母音與音節所建立的，而在其下，有著容許你能說或讀的整個架構。到某程度，事件是以同樣方式建立起來的。你形成與組織句子，然而你依靠信心說話，並沒實際地知道你說話所涉及的方法。因此你只認知那活動的表面。

以同樣的方式，你形成事件，而常常並沒知覺到你在如此做。好像事情就這麼發生了，就如話就這麼說出來了。在學校，他們教你如何造句，而你從長者那兒學會如何說話。可是，在你誕生之前，你已涉及了事件的形成。心靈形成事件，就跟海洋形成波浪一般——只除了海洋的波浪受限於它的表面或底部，然而心靈的事件則是即刻被轉譯，而濺出成為群體的心理實相。可以說，你在醒時生活遇見那完成了的事件，在醒時意識的範圍遭遇事件。然而，在夢境及其他意識層面，你則更直接地處理事件的形成。你對這過程無所知覺，就如在正常情況下，你對形成句子的方式無所知覺一樣，那些句子似乎如此自動地由你流出來。

（十點五十六分。）心靈，當它轉向物質實相時，是事件的創造者。透過那些事件，它經驗自己的實相，就如透過你的說話，你聽見自己的聲音。

那麼，在夢裡，你是涉足於形成實質事件的那個過程裡。你正處理行動的心理部分。當你醒來，你用它形成接下去的肉體「語言」，那將成為你生活裡的行動。

所有你認知為真正發生了的事件，在時間裡都有一種單一性（unitary nature），排除掉它們所從出的那些可能版本——或多或少在夢中出現過的版本。再次的，如果你說句英文：「I am here.」你不能同時說它的中文版：「我在這裡。」那方面來說，在你的行動架構裡，你選擇了「說」某件事而非另一件事。可是，你之形成事件，自然並非只是依賴你獨特的心理屬性，卻也是由於自身肉體的字母才有可能。

（長久的停頓。）既然任何人都可能說不止一種語言，你也可能把身體資料以不同於一般的其他方式組合起來。那麼，身體是有能力組合不同實相語言的。例如，一般而言，你的身體於一個時刻只能在一處，而你對事件的經驗，大致是靠你身體的位置決定的。然而有些生物機制，容許你把身體的版本或模式，派到它主要位置之外的地方，而從那個位置來感知。在睡眠和夢境，你常如此做，把新感知的資料與通常的感官資訊互相連貫起來，而毫不疑懼地組織它們。就彼而言，你日常感官知覺的精確性，就正堅固地依恃著這較大的內在彈性，它給你一個廣大的基礎，而由它再形成你穩固的焦點。

（長久的停頓。）那麼，事件像說出的字那樣地出現在你的知覺裡。你說話，但誰在說話？在你最短的片語裡，發生了什麼？你的聲帶、肺和唇裡面的原子和分子，不懂那語言的任一個字，卻容許你如此流暢地說。可是，沒有它們的合作與知覺，沒有一個字能被說出。

（十一點十五分。）然而，不被你理解地，每一個無名的原子和分子，都在廣大的冒險裡合作，使得你的演說成為可能。而你的事件實相是由活動的「可代拉」建立起來的，在其中，每個被說出的字都有一個歷史，這歷史能一直回溯到遠古，超過最老化石所能記憶的紀年表。我是以你們的經驗來說，因為在每個你當下說出的字裡，你喚醒那過去，或你刺激它使之存在，因此它的實相和你的同時並存。

在夢裡，即使過去也是現在式的。事件在每個地方形成。你一而再地重造過去，就如你重造未來。你從那些經驗中選擇某一些，作為在正常醒時實相的事件。

你的手累了嗎？

（「不累。」）

（十一點二十二分。）雖然你在一個時候只能說一句話，且只能說一種語言，那句子必須聽起來是每次一個母音或音節，它們仍然是一種圓環式的知識或經驗的結果。在其間，句子的開始和結尾是同時獲知的。如果它的結尾沒被知道，就不能如此熟練地開始。

以同樣的方式，在時間裡發生的事件也是依賴著一個圓環式的事件。在其中，開始和終結纏繞在一起，不是一個在一個之前發生，而是同時存在的。

口述結束——有幾句私人的話。如果你想的話可以先休息一會兒。

（「好的。」

（十一點二十八分。賽斯在十一點三十五分回來，為珍傳遞了資料，一直到十二點十三分結束。）

第七八五節　一九七六年八月二日　星期一　晚上九點三十二分

（近來天氣奇佳。我們在開課時把前、後門打開，以便讓從小山飄下來的涼風吹過屋子。至今，沒人曾在這種時候來打擾，雖然越來越多的訪客找到我們家來。我們雖然喜歡會見人，卻多少開始擔心，因為這種會見的確截掉了我們的工作時間。

（有意思的是，即使在某個晚上珍為夏暑所擾，賽斯卻從來不受影響。在出神狀態中，珍「清涼有勁」——那是說，一直到休息時，她才會變得像我們其餘人一樣，必須與溫度奮鬥。）

現在：晚安——

（「賽斯晚安。」）

——口述，我們的書。

再次，在一個有意識的層面，你不可能處理所有其他層面上會有的資訊——你根本肉體存活所寄的那些資訊。於是到某個程度，語言乃作為一個過濾裝置，使你能傳達某些資料，同時又有效地擋掉其他的。

當你說一句話時，並不停下來考慮所有的文法規則。你並不在心裡先做出句子的圖表，只不過或多或少自動地說話。這涉及了精神和肉體兩方面最高的精確性。

當你經驗一件事時，通常也不停下來審查感知的法則，或奇怪這些是什麼。你只不過在體驗或感知。

可是，那些所經驗的事件，也是經過了一個過濾的過程。它們獲致其焦點、燦爛與物質的有效性，是因為它們在其他彷彿看不見的事件之上，升到了重要的地位。夢境中，你密切地以事件的「內在文法」操作，找到那些未說的句子，及實質上未經驗到的行為。在那兒，事件內在作用的骨架更為明顯，行動還沒有完全長好了肉。你醒時心理行為的機制，被極聰明地畫出輪廓。但那個狀態可以更完整地加以探討、利用，且理當如此。然而在醒時與睡時意識之間，永遠會有一層面紗，因為當你具有肉體時，醒時心智只能處理這麼多的資訊，對它無法容納的就乾脆忘掉。

你的夢影響細胞的實相（cellular reality），縱令那實相，也大半就是你能夠做夢——以你們的說法——的原因。夢是向細胞調準的意識（cellularly tuned consciousness）之自然「產品」。有如火發出光，向細胞調準的意識則放出夢。

這樣的意識是在一種存在的狀態，其實相產生出的能量與力量，遠勝於它與物質實相燦爛交接時能實質表現出來的。由它存在的每一瞬間所產生的「火花」，引起更多的經驗、感知，它們無法與已知的當下此刻符合——因為到那時，對你們而言，那當下已經消失成過去了。

（九點五十三分。）然而，這些事件與反應繼續作用下去，尤其是在夢境，它們不像醒時事件那樣，直接地與完全的實質經驗相交。所有這些平行或替代的經驗，於是被用來建構你認知的實質事件。再次，你忠實地說一句話，以使結尾平順地來到，雖然開始時，也許並未有意識地知道你將說什麼。可是，你的某一部分同時知道這句子的開頭和結尾。

在夢裡，以同樣的方式，你知道事件的開頭和結尾。你一生中的任一行動，是在你從生到死之所有其他事前後關聯下所採取的。由於你在任一刻只說一句話，而非另外十句可能的版本，所以現在你以為，這所說的話是「正確的」一個，完全沒想到它在文法、時式或語尾變化的可能變數。無意識地，你卻可能已試過並摒棄了所有那些——雖然你沒有這種經驗的記憶。因此，即使在造成句子時，你也處理到可能性，而你的身體或多或少地模仿每個未說出句子可能涉及的肌肉反應。

縱令你以這麼美妙、故意無動於衷的神氣說出句子，當你一邊說話、一邊無意識地拿你的訊息來比對正發生的外在事件時，你仍在做內在的選擇。

雖然你生活中的每一件行動，都是在你所有其他行動的前後關聯下所採取的，一直到你死；但這並不表示你的死亡是預定於任一特定時間發生的。正如你可能在一句話的中間從一個版本換到另一個版本，而自己根本不覺得，因此，當你過活時也是以可能性來過活。你是說那句子的那個人，也是過活的那個人。你比你說的句子要大，也比你過的一生要大。

你記不得今天講過的所有句子，但可能對所說的有個大致概念。在某一特定時刻，你的確像是說某事而非另一事。證人似乎也會支持你。醒時事件的確像是比夢中事件要更穩定而可靠。

你休息一會兒。

（十點十二分到十點三十二分。）

醒時事件很快地發生又消失。它們是用感官全部參與、直接體驗的，但因為那頃刻的涉入，你放棄了同樣行動的更大次元，那是存在於感官的主動參與底下的。

在夢裡，為被經驗事件所做的準備在發生，不但及於最細微的末節，而且也在世界景象的較大脈絡內。事件彼此契合，形成一致的整體，供給你一個全球性尺度的活動。例如，當每個個人於夢境處理私人生活的可能事件時，世界「未來的」歷史當下正在被安排；可是，那私人生活存在於一個被無意識理解的社交、政治和經濟脈絡裡。當一個人在夢中建構各種不同的可能實相時，他也是在一較大的脈絡中如此做，其中，世界的可能情形是已知的。

此處，事件在心靈之網中彼此相連，那遠比你們實質的通訊系統更有效率。此處，實相的密碼被用上，知識是以電磁模式接收與傳遞的，因此技術上來說，這個模式比任何你們有的東西能攜帶更多資訊。身體每個細胞在接收與傳遞這種信號上都有份，那層面也發生一些密碼解譯，因此以身體來說，恰當的資訊被送到它們所屬的地方。

許多訊息甚至沒到達頭腦（不過，心智對這種資料是有知覺的）。人類之中，對於在任何方面將影響到這個有機體的有關訊息，心靈—身體結構於每一刻都有完全、最新的畫面。所有行動，都是在這些訊息已知的情況下採取的。再次，這種資料在夢境被轉變成虛擬實質的圖片——可能發生事件的反映，可能順序的試映。這些訊息，在暫時聚焦於「內在實相劇場」的意識面前閃現。

這些試映不止是為了心智，也是為了身體。再次的，在睡眠裡，每個細胞計算各種可能事件在自己實相上的影響。細胞做出計算，以使身體的全部反應都能在事前確定，並估量其利弊。在最細微的層面，身體參與了夢。

原子和分子本身擁有的那種意識，你們不可能加以分析，因為你們活動的尺度是如此不同。可是，它們是收集訊息的過程，包括那會從你們所有裝置中間溜過、密碼化的電磁屬性。再次，原子和分子及其內所有似乎更小的「粒子」，是攜帶訊息的過程。你們對事件本質的詮釋，全靠它們再次的、向細胞調準的意識發動了夢。意識，跨在分子的背上，發動了一個物質實相及適合它的事件。

你休息一下。

（十一點到十一點二十分。）

思想也是穩固地寄於向細胞調準的意識之實相上。

思想要花時間，而它是藉細胞組織而存在的。不集中焦點於細胞建構上的意識，它自己涉及一種直接的認知，一種以較為環狀的方式到來之理解。

創造行為是你對直接認知最接近的體驗。不管你是活是死，當你的意識以實體方式想到自己時，仍將大半利用自己熟習的思想模式。在生活中，你的意識是向細胞調準的，它透過形成身體器官之細胞的機能，來感知自己的實相。不過，心靈大於調準於肉體上的意識，那就是你存在於其中的較大脈絡，它與你的物質實相彼此交織。在那種你能暫時改變焦點的場合，心靈更廣大的經驗也開始起作用，你至少能感覺到不同於它以細胞為標的之存在。不過，這經驗是環狀的，因此很難訴諸語言，或將之組織成你正常的資料模式。

（十一點三十二分。這書的口述結束了。賽斯透過來給珍和我一頁資料，而在十一點四十五分結束此節。）

第七八六節　一九七六年八月十六日　星期一　晚上九點十九分

（這是個美麗的黃昏。十分愜意的。不過珍和我都多少有些疲倦；的確，我們上週沒上課。整個夏季，我們曾與對我倆工作有興趣的各界專家們訂約會，這要花時間與精神。我們對其他的藝術、科學與人文學問都感到好奇，因此總是盼望這種訪客——有些新的關係會「生根」，有些則否。

（無論如何，今晚我們頗有倦意，覺得已有了夠多的個人接觸。但矛盾的是，賽斯似乎仍一如往常的精力充沛！）

晚安——書的口述。

（「賽斯晚安。」）

你們認知地球有一層大氣。在你們有限的太空旅行中，你們以為將遇到不同於自己星球或外星入侵的情況。

在你們的計算裡，已將改變算進去，因此，太空人能預期將遭到失重現象。可是，你們對空間與物質的概念和經驗，是由自己的感覺器官來決定的。對你們而言是物質的東西，對擁有完全不同配備的生靈（beings）來說也許是「空的」。如你們所了解的，你們的意識心是「心理結構」，以肉體為基礎來處理情況。可以說，感官資料多少是以包裝好的樣子得到的。不過，心靈更大的內在實相，就像太空看起來那樣的深廣。

那麼，當訊息從那些更廣大的區域「掉」進你的意識心時、當它旅行過心理大氣的各個層面時，它也被改變，直到最後著陸，或爆炸成一串串的形象或思想。

你經常被這種「陌生的入侵」（alien intrusions）所轟擊。當你在正常醒時狀態時，意識的焦點把這些遮住了。舉例來說，隕星於穹蒼裡到處翻滾，雖然你們在夜空裡只看到其中一些。白天用到一種過濾過程是重要的，這樣你才能維持行為的精確性。可是，那細密的精確性依恃著無窮盡的訊息，它們源源不斷衝擊你心理實相的其他層面。那些資料於是變成原料，而你們的實質事件由之形成。

在夢境，當你的身體多少是安全的，並在休息中、沒有精確行動的必要時，這些心理性的侵入變得更明顯。你們許多的夢像是彗星的尾巴，真正的生命已終。當它們撞上你們的心理大氣，而爆開成夢中形象的火花時，你看見它們消失時的閃光。因此，在旅行過你們的心理大氣時，它們變了形。於你們自己的狀態，你無法感知它們——當它們衝進心靈深處時，也不能保持原有的狀態。它們落入模式裡，將自己自然形成適合你心智的夢。如此造成的夢結構，唯獨適合於你的實相；當這入侵的物質落下、墜落，或移動過你心理大氣的層面時，它被碰到的情況所改變。

一個小水坑的雨滴模式遵循著某些法則，與土地的地形、天氣、雨和雲的性質、雨水落下的高度，以及運作於鄰近和遠處的情況有關。如果你能對那些有適當的了解，那麼藉著看進一個小水坑，你就能知道整個星球過去和現在的天氣狀況，而預知暴風雨或火山爆發的可能性。當然，你做不到這個，但它卻是可能的。

（九點四十四分。）夢淅瀝落入心理的小水坑，遵循著你心理實相的地形，在你的心智裡造成變化不停的心靈模式，向外散播漣漪。擊中你後院的雨，是溫暖的雨滴，柔和而清晰。也許在你屋頂上方遠處，它本是冰雹，而在落下時改變了形態——再次的，依照它所遇到的狀況。因此，「陌生的入侵」也一樣。而夢就像雨水，因為在其他「更高的」層面，它們的確可能有一個十分不同的形式。

在地球上，有溪壑、峰巒、山谷、大洲、小島，而落雨自動適應這些地形。你自己的思想、夢、意向、情感、信念——是你心智的自然特徵，因此訊息侵入你的精神世界，也遵循那些地形。

如果在你後院有個溝渠，它永遠會匯集落下的雨水。你的信念就像能接收的區域——空曠的盆地——你用它收集訊息。入侵的資料常會順著地形，自然地落入這種盆地。信念是建構實相的方法。可是，如果你過分結構實相，那麼終將有一個嚴謹對稱的精神花園——它精確的陳列可能是如此刻板地構成，以致植物花草的自然風貌完全被掩蔽了。那麼，甚至你夢的訊息也將流入結構好的模式。

（停頓很久。）你知道自然世界經常在改變形式。不過，當你體驗一件物體時，它們遵循著某種物理定律，就好像地上的紫羅蘭不會突然變成岩石一樣。

不過，這些情況只存在於你感知的有意識層面。較大的心靈處理事件的較廣大次元，而夢境本身則像個實驗室，你的醒時實相就在其中構成。實質的地球被宇宙射線及其他你不感知的現象轟擊，但它們卻對你們的存活非常重要。心靈也以同樣的方式，被對你們存活很重要的現象所轟擊。在夢的實驗室，這訊息被處置、收集，最後形成你記得或不記得的夢；已經是其他事件之轉譯的夢，變成了你能認識的形式。

每個你記得的夢，在你憶起它的形式裡都十分合法，因為訊息已被分解，而符合你自己意向和目的之輪廓。但這樣一個夢，卻也是另一個沒被記起的事件之象徵，一個在意識上沒記錄下來的「隕星」，且是對任一環境如何形成的一個線索。

你休息一下。

（十點十分到十點二十五分。）

以一種方式來說，夢的實相，比你對實質事件的經驗導致你去假設的情況，更要接近事件的真正本質。

夢經常顯得混亂，是因為你的參考點太小，不能容納增加的確實性次元（dimension of actuality）。再次，以一種方式來說，事件在本質上遠為圓環性。在夢裡，你能經驗過去或未來。以你們的話來說，實質事件於當下確實地形成，是因為過去與未來之間有交互作用。過去與未來在事實上並沒分開，而只在你們的感知裡是分開的。

一個夢就像橡皮筋的一彈，但它卻不是橡皮筋。你閱報，並與你的同類保持經常的實質通訊。新聞影響「未來」的事件，個人與政府在做決定時，會把這種通訊納入考慮。報紙並非它們所討論的事件——雖然報紙自成為一類事件。寫下來的新聞故事，實際上是由一組符號組成。透過閱讀，你學到如何詮釋這些符號。如果你看電視新聞的話，對任一新聞事件有個較廣的視角。可是，當你在新聞播放中看一場戰爭時，並不是真的目睹人們死亡。你在看轉譯為形象的符號，這些形象因此可以被看見。形象代表人們，但形象不是人們。符號攜帶著訊息，但符號不是它們所記述的事件。

你們有些夢就像報上的故事，告知你發生在心靈其他部分的事件。其他的就像播出的新聞圖片，也許帶著有關那事件更多的訊號，但仍然不能包容那事件。

可是，心理與身體上，你一直在不斷的內在通訊裡發出夢的佈告。在這層面，個人的夢有助於形成群體實相。然而，到某程度，個人的夢也是由群體實相升起的，就如局部的天氣概況對世界的天候有影響，同時卻又是被它形成的。

（在十點四十四分停頓很久。）你們的地球存在於物質宇宙的範疇裡。你存在於你心靈的脈絡裡。你認為實在的事件，是依賴著所有其他發生於你心靈之內的事件，就如同地球的存在依賴著物質宇宙的其他各面。

如你們所了解的事件，只是多次元活動在你時空中的入侵。事件是你的夢之反映，就如你的夢反映你所知、所經驗及多少預期的事件。那麼，以一種方式來說，你所知的事件只是那些你也密切涉及的事件片段而已，這麼說並沒否認你經驗的偉大效力。事件的內在多次元狀態，發生於一個你無法結構的架構裡，因為通常你不集中注意力於那方向。你較喜歡處理能實質操縱的活動。

對事件的實質操縱，的確是一個有相當價值的心理技巧，在其中，意識與注意力是充溢而全神貫注的，為一個相當小的活動範圍帶來效力和意義。

再次，我無意否認那經驗的效力，只是要指出它特殊化了的本質。可是，因其本質，在時間與空間裡，那意識的精確特殊化和調準，大半排除了其他與實相較不特殊化的接觸。夢常常對你表示一種曖昧、一種朦朧不明，因為夢對時空缺乏心理活動的即刻衝擊。從你們的觀點，似乎夢並非事件，或它們發生卻又沒發生。缺乏正常的時空交會，表示你無法與他人分享你的夢，像你能分享醒時事件那樣。你也無法——或看似無法——記憶夢的事件，如你記住正常的有意識經驗那樣。事實是，你只是有意識地記得生活中某些被強調的事件，而日子裡普通的細節就好似夢般地消失了。

當然，你有一個夢的記憶——雖然一般而言你對之了無所覺。在事件的形成上涉及一種技巧，你在做夢時對這技巧表演得很好。在你誕生之前就開始了「事件的形成」。未出生兒的夢和其母親的夢常常相混。那些將死之人的夢，常涉及已在為將來存在做準備的那種夢之結構。事實上，快死時，涉及了夢的大大加速，因為新的可能性正被考量——這夢的加速提供心靈上的推動力，以達成新的出生。

你們休息一下。

（十一點七分到十一點三十四分。）

某些部分極難解釋，但說沒有一件事有開始或結束，卻是真的。

對生命來說這是真的，對夢來說這也是真的。以你們的話來說這訊息不實際，因為它否定了你的直接經驗。不過，透過探詢以及一些練習，你能在一個夢的中間，意欲它擴展到較大的比例。你於是將經驗一個夢包在另一個夢裡面，或好幾個夢同時發生——全都涉及一個特殊主題，或可能性的各面，每個和其他的相連，雖然對你而言聯繫可能不明顯。

你生活中的每件事，都是包含在另外的每件事裡的。同樣的，每一生是包含在另外的每一生之中。那麼，在夢境，對實相的感覺是「更真切的」。在某範圍內，你能對夢變得更有意識地覺察——亦即有意識地覺察你做夢的過程。你也能容許「做夢的自己」在醒時狀態有更多的表現。藉著多半與創造力相連的技術可以達成此點。

創造力連接醒時與夢中的實相，它本身就是一個門檻。在其中，醒時的自己與做夢的自己相混合，形成同等地屬於醒時與夢時實相的構造。除非你了解創造力、夢、遊戲與那些形成你醒時生活事件的聯繫，否則無從了解你是如何形成生活中之實質事件的。在一方面，夢是一種結構好的無意識遊戲。你的心智愉悅地夢到它在用自己，不受實際生活的關注所限制。夢是心智的自由遊戲。不過，這自發活動同時也是「形成實際事件的藝術」訓練。

可能性能被耍來耍去，被不斷嘗試而沒有實質的後果。心智跟隨它自然的趨向，有比你允許它使用遠為多的精力，而將之以偉大的「幻想」釋放出來——你從這些幻想中選擇你將經驗的事實。同時，做夢是一種最高級的藝術，而所有人都是玩家。有結構性的夢，就像醒時生活有結構性的遊戲一樣。有「眾人參與」的群體之夢，有主題——群體或私人的主題——作為基礎或架構。然而整體來說，心智的自發活動繼續下去，因為它喜歡自己的活動。

口述完畢。等我們一會兒……

（十一點五十五分。作為賽斯，珍現在為自己傳遞了幾行資料。此節於十二點八分結束。）

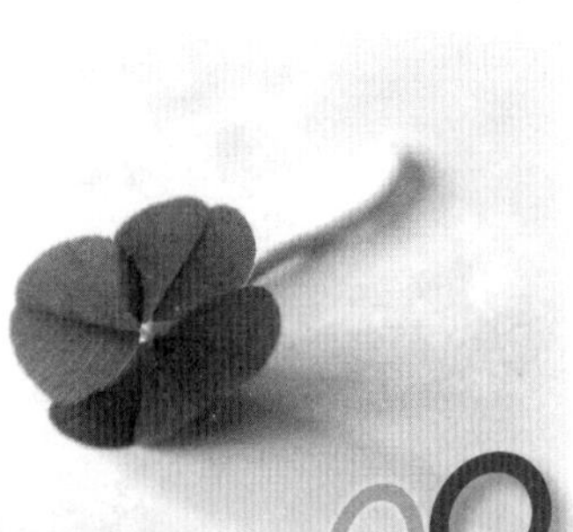

Chapter 09 純粹能量的特性，精力充沛的心靈，事件的誕生

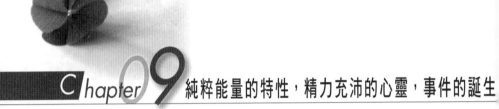

第七八七節　一九七六年八月二十三日　星期一　晚上九點四十分

晚安——口述。

（「賽斯晚安。」）

我們的書。新的一章。標題：〈純粹能量的特性，精力充沛的心靈，事件的誕生〉。

當人們聲稱對夢的本質感興趣時，通常心中有些特定的問題，就如：「夢的事件有多真實？」「夢有何意義？」「夢如何影響日常生活？」每個人都覺知夢之可驚的私密本質。雖然如此，在你們的經驗中，某些象徵符號似乎有相當的普遍性。

不過，這種問題顯然為人所關心，卻沒觸及在夢的活動後面的更大事件，也未開始觸及任何事件感知之後神祕的心理行動。當然，夢是重要的事件。夢對你們之所以重要，就正在於與醒時事件相似及相異的特色。

在所有這些問題後面的，是遠為深沉的考慮。涉及了創造力的本質，以及能量的特性，沒有這些，不可能有任何行動。

基本上，心靈是純粹能量在一特殊形式的具體顯現。在你所熟知的架構之外考慮心靈經驗，是頗為困難的。你要求定義與術語的某種精確性。當然，那辭彙自動地結構了訊息。心靈是能量完形的一個聚集物（conglomeration）。要了解那個，你必須悟到純粹能量有這種改變「模式形成」（pattern forming）的傾向，以致它總是以表象出現，變成心靈的「偽裝」。

心靈可以形成微粒，但不論微粒存在與否，它仍是它自己。以最基本的方式來說，能量是不可被分割的，這在你們的詞彙裡幾乎不可理解。能量不可能有「部分」，因為它不是個存有，不像個餡餅可以被切割或分開。不過，為了討論的目的，我們必須說，以你們的方式而言，每個最小的部分——純能量的最小單位——包含著可形成它自己所有可能變種之推動力。

因此，純能量的最小單位，在你們而言沒有重量，其中包含質量，在其本質內會保持創造所有形式物質之傾向，及創造所有可能宇宙之原動力。以那種說法，我們無法思考能量，除非把與**神**或「一切萬有」本質有關的問題帶到最前線。這些術語是同義的。

（十點二分。）我可以精確地說，純能量本身無時無刻不是有意識的，但這些字句多少扭曲了我的意思，因為我談到一個最難形容的意識。

純能量，或其任何「部分」，含有朝向個人化的創造性傾向，因此在任一特定部分之內，所有個人化的有意識生命，已被暗示、創造及護持。純能量無法被毀滅，而且是「在每一點」同時被創造。你們的物質宇宙與法則對這種活動很少給你證據，因為在那層面，證據只顯示時間或腐朽的外表給你。你自己的心理活動是最接近的證據——雖然你不那樣用它。純能量沒有開始或結束。心靈，你的心靈在其存在的「每一點」都被新鮮地創造出來。就那而言，不管所有外表看來的樣子，物質宇宙並非生自能量的爆炸——能量被分散開，卻是「在每一刻」、在它的每一點都到處被創造出來。

那麼，心靈的基本經驗是處理一種你無法直接感知的活動，然而那個存在卻是你能感知的事件肇因，並因此作為你夢中與醒時事件發生於其中的一個媒介。

在那方面來說，你不能把你的事件撕破來找它們背後的實相，因那實相並非保持事件在一起的膠水，卻是在你自己的心理存在（psychological being）之內無形地糾纏著。在你所認為的醒時與夢中事件之間有明顯的不同。你明確地分割兩者，很努力地確定它們是乾淨地分開的。在你們的世界，所謂傳統實際的「精神正常」和肉體的操縱，是依賴你的能力去分辨，而只接受那些別人多少同意的事件為真實的。

可是這些所謂的真實事件，不久以來已劇烈地改變了。神祇「一度」走在陸地上，並在海天之際掀起戰爭。相信這種事情的人們被認為精神正常——並且是正常，因為那時被接受的事件架構與你們自己的迥然不同。以歷史來說，被接受的事件的多變本質，提供了不止一個文明的歷史，而且反映心靈不斷創造的本質。

（在十點二十三分停頓。）在任一特定時間，所有實質經驗的成分都呈現在夢境中。然而，實際地說，任何一個特定時期，人類接受夢實相某些部分為其所謂的真實事件，而在那些特殊化的事件周圍，形成它「現在」的文明。歷史性地說，早期人類夢著飛機和火箭船。就彼而言，他們「自然的電視」在某些方面比你們「技術性的版本」運作得好，因為其心象容許他們感知在鄰近區域或世界其他部分的事件。不過，他們不能只按個鈕就使之發生。心靈與生物的機制是在那兒，允許人類知道於正常情形下有哪些未感知的事件可能會危及其存活，尤其是在緊張或危急時刻更是如此。但在夢境，那時就如現在，所有這種問題是同時的，像是模型那樣，人類於是由其中選擇形成實質經驗的實際事件。

到那個程度，對夢境的研究給予你對心靈實相一些重要的洞見。以某種方式而言，你是「預先包裝好的」（prepackaged）。你總是認知一種心理實相之包裹為「你」。可是，基本上，你總是以一種瞬間郵件的樣子進入那包裹。你不知不覺地浸在純能量裡，且是其一部分，在每一刻被新鮮地創造出來。因此，你的原子與分子能量，和你的物質宇宙系統能量，是在每個可想像的頃刻都被重新補充的。

你的心靈被拉回進入它自身，進入「一切萬有」，而又「出於它自己」（out of itself），進入你的個人化。在活動的心理脈動裡，那是與你們世界電子的行為有關的。在夢中或睡眠裡，當你不那麼直接遭遇實質活動時，你有機會藉由研究夢──那些這麼像又不像你的醒時經驗之事件──而對心靈了解更多。

你們休息一會兒。

（十點四十四分到十一點十分。）

現在：在與夢境相連的某個層面，所有你生活中的可能事件都同時存在著。既然你的活動實質上必須合入一個時空架構，那些可能事件只有極小一部分會實質地發生。

那些真正實現的，是經極大的辨識力選擇的，夢被用來確定任何特定的可能行為是否可欲（desirability）。在這些存在的其他層面，根本上醒時與夢中事件是沒有區別的。那麼，你以這樣一種方式創造性地組織經驗，而你所認為的意識心也負起自己的責任。不過，那些你不接受為實質的事件，也存在並加入自己的組織。它們並非就只離開了你的經驗，而是變作那些不直接關乎你的事件之焦點，同時間接的，形成了明確的心理背景。到某一程度，它們變成經驗的無形媒介，而你自己特殊化的活動從中冒出頭來，因此它們的本質暗含於你自己的生命裡——因此你的生命是暗含於那些其他的架構裡。

到那個範圍，夢也用為交織可能性的一齣戲劇，一個從其中事件向所有方向躍出的跳板。一個夢的每一面都有其個人意義，也同時是你的象徵的一個版本，它代表某一相應的事件，卻完全在實相的不同層面上。

（停頓良久。）如果你把夢的每一面編號，那麼每個號碼將在完全不同的數字系統裡代表它自己。表面的號碼，或熟悉的號碼，仍然用來在你自己世界的脈絡裡解釋夢。因為你們住在一個顯然是實質的宇宙裡，共享其實相，因此你們每一個也存在於遠為廣大的心理或心靈宇宙裡——被包圍、被支持，並且是心靈或心理存有的一部分（停頓良久）。這些存有的類別無窮。你最小的行動影響他們的實相，反之亦然。實質地說，到某個程度，在夢境你可以更清楚地感知這種存有，就像在晚上星星變得更明顯一樣。心理實相不能以尺寸或更大、更小來加以比較，因為每個存在的確實性和燦爛，帶著如此獨特的個人化強度，以致它遮蔽了任何這類的想法。

（十一點三十五分。）以你們來說，一顆星星的生命、一朵花的生命，在其持久性、尺寸及特性上是完全不同的；每個卻都存在於一個有效的經驗裡，那終將使這種比較失去意義。同樣的，拿你自己的意識與一個具有如星星般的心理或心靈屬性之意識相比，並沒有助益。不過，意識的心理可動性，容許一種不可言傳的內在溝通，一種互相連鎖的精神與生物語言，經驗藉它直接地變化。因此你們許多的夢，是發生於「更大心靈」其他層面事件的轉譯。

在那兒，事件不依賴時間。在另一方面，你們則必須對付事件那有時間性的版本。夢提供了一個絕妙的架構，容許你解析無時間性的事件，把它們適當地放在你們自己世界的脈絡裡。這個適當的放置，相當依仗著對可能的未來事件之內在知識。若非你們對「未來」具有這無意識的知識，「現在」將是個不可能的成就。

夢常是過去、現在與未來的合成，在那兒，一個主要事件被用作一個焦點，「現在的」事件圍繞著它集合起來。

你們休息一下。

（十一點四十七分。本節的下面兩頁被用來給珍一些資料。此節於十二點二十一分結束。）

第七八八節　一九七六年九月六日　星期一　晚上九點二十七分

（珍剛打完了她自己《保羅．塞尚的世界觀》的字，現在我正準備打賽斯《未知的實相》卷一的完成版本。如我在為他的書〈引言〉裡所解釋的，我們決定把賽斯很長的《未知的實相》手稿分兩卷出版。這表示我們的讀者能先得到那資料的小半，同時我在準備長得多的卷二以便後來出版。打字並非珍所偏愛的活動，所以當她宣告將幫我打卷一的定稿時，我十分驚奇——因此我們今天花了大半時間在各自的打字機前。

（同時，賽斯照舊大步地向前進行《心靈的本質》。珍玩笑地評論道，她希望賽斯也能打字。）

晚安。

（「賽斯晚安。」）

口述：基本上，事件與你們所想的因果毫不相干。當你們研究夢的事件時，這也許明顯到某程度，因為在那兒，你們所習慣的那種把事件連接起來的連續性，大半都消失了。

反之，事件可說是由重要意義構建起來的。但暫時忘掉那名詞，思考一下你們已經熟習的聯想，因為你們的意識之流是以那種方式運作的。每個意識的根本性質，是特定、特殊且獨特的知覺焦點，它透過自己的特性來體驗任何可能的實相。

每個意識也以自己的印記「蓋印」或「印在」宇宙上。宇宙沒有哪部分是不活動或被動的——不管它看似有組織或缺乏組織。那麼，每個意識以自己的方式蓋印在宇宙上，它的存在本身就建立了一種重要的意義，宇宙就透過這樣的意義被詮釋，透過此種意義而認識自己。每個意識都被賦予了多次元的創造力，因此它將尋求去創造盡可能多的實相，用自己的重要意義為焦點，從宇宙身上把所有可能的事件吸進它的經驗。於是每個意識從宇宙吸引事件，而它自身的存在同時又蓋印在宇宙之上，成為一個帶有它天性中不可磨滅印記的事件。

從另一觀點，更簡單地說，如你所知，每個人都有某些能力和特點。你們透過那些能力與特點的模子經驗實相，但也以自己殊異的獨特性在宇宙蓋上印記，吸引適合你們天性的那些事件而非其他。

重要意義落入某種模式，或以某種模式發生，在這些變得很明顯時，它們就以因與果的樣子顯現。因與果只不過是落實了的重要意義。你們的聯想過程與習慣，可能是能給重要意義如何運作的線索最接近之例子。不過，即使如此，聯想是處理時間過程，而基本上重要意義則否。例如，你可以想到你的莎拉阿姨，聯想過程可能帶給你一些影像：有關過去你拜訪阿姨時的一段時光，以及她的朋友和鄰居、她房子裡的物件，還有與你們關係相關的事件。

（九點四十九分。）同一時候莎拉阿姨——並不為你所知地——可能拿起一個藍色花瓶，正是在你腦海中看到、屬於她客廳架上的那個。觸及那花瓶，你的阿姨也許想起送她花瓶的那個人，現在正在美國的另一端。那個人，也許正在想給某人買件禮物，可能在一閃的靈感裡決定買個花瓶，或突然開始哼一首曲名裡有「莎拉」的歌，甚或想起了你阿姨。如果另一方面，在聯想過程中的任何一處存在著任何相反的聯想，這聯想的「連鎖」就可能斷掉。例如，最後那女人也許考慮過一個花瓶，卻排斥了那個念頭，因為時間這要素，在你看來似乎第一件事引起了其他的，而你第一個有關阿姨的聯想引致了「隨後的」事件。

可是，那內在的重要意義、那些聯想同時存在，在時間的任一點都能被瞄準。它們有自己的實相，雖然它們看來像是在時間之內，基本上卻是與時間分開的。

實際上，那三套事件能很輕易地同時對三個人發生，而如果沒有正常的溝通發生，沒有一個人會知道其中的奧妙。事件內在的編織（inner tapestry）正是處理這樣的一種聯想。情感的強度和重要意義組成了事件的本質。在夢中，你以所涉及的那種強度工作，探索多重的重要意義。這些就像是帶電的感情模式，由你自己非常個人性的情感與意向形成。

利用這種重要意義做尺度，你接受或排除可能的事件。你以自己的重要意義蓋印在宇宙上，而用那作為一個焦點，從宇宙汲取或吸引那些適合你獨特目的及需要的事件。如此做時，到某程度你增強了宇宙所能創造出的諸多可能。你由宇宙形成了個人的實相，那是非如此便不會存在的——以那種說法來說。而且如此做時，藉著增加所有意識從中汲取的實相庫藏，你也不可計量地增益了其他意識的實相。

你們休息一會兒。

（十點十分到十點二十三分。）

現在：基本上，沒有漫無目的運動這回事。沒有混亂這回事。不管是用什麼名義和以哪種表象，宇宙都透過重要意義那有規律的順序而獲致其實相。

這些重要意義分開在各種不同的確實性系統（system of actuality）裡，同時仍舊以一種統合的方式組合。你們了解因與果的次序，但這是建立於重要意義之非因果面上的。以一種方式而言，你想起的夢好像是安了號碼的畫，被裁剪來適合你自己的意圖與目的，如此完美地適合你心智的地形線，以致你忘了它們從中汲取的更大經驗。

肉體與心靈上，夢本身是最精確的計算與活動。在其中，複雜的戲劇與互動發生，且常是非常亢奮與強烈的，卻與身體完全的參與切斷。於是，這些重要意義涉及你某種生物上的暗示，它規範心理事件與時空中實質活動的相交。只有當所有條件符合你自己非常特殊化的要求時，必要的暗示才被發動來給予你實質經驗。到那程度，夢裡你是在「待命」，涉足於一個活動範圍，那是太廣大而無法適合實際地球經驗之地形的。

那麼，這些重要意義建立起自己的密碼，因此實質事件必須以某種方式密碼化，而夢則有另一套密碼。於是，有一種可稱之為夢前（predream）狀態，或一種經驗狀態，夢從這狀態中形成。這種經驗將攜帶不同的密碼，使夢更遠離身體的活動以及與時空之相交。

你的實質事件，發生在你所認為的「你」身上。夢裡，你可能像是以另一個人的身分去體驗一件事，或可能發現自己身處過去或未來，而非現在。醒時生活中，你有你的家庭、朋友、職業，或不管你有的什麼。夢中，你也許發現自己與另一個人結婚，或過著一種全然不同的生活。以某方式而言，夢就像你的生活主題變奏——雖然在現實裡，你的生活是你從那些可能版本裡選擇出的主題。

不過，到某程度，夢事件大半都很像實質事件。你的夢中感知像是具有肉身的——你走、跑、吃，且執行其他身體功能。確實有許多其他的存在情況，但目前，我們將論及一個夢前狀況，那事實上是由幾種實際狀況組成的。比較地說，當你從夢境進入內在實相的時候，此地事件的實質面就大半消失了。對你來說，彷彿經驗變廣而較不明確了，但事實並非如此。經驗的確變得更廣，但它的性質改變了，因此舉例而言，對你而言，這種經驗的片刻能提供給夢五年可用的資料。

這只不過是個比喻，因為你經常沉湎於那另一個實相裡；但它的啟迪和本質，被傳給了你「自己」，這個自己是你透過夢的形成而認識到的，以你們的話說，「做夢要花時間」。你們的夢最終由這個較大的經驗形成，而這經驗使你涉入了一種旅程。用另一個比喻，那就像是你愉快地把日常生活的正常行頭留在後面，而駕著自己較大的心靈，駛入更廣大的經驗之海。

（十點五十五分。）你離開了事件的實質本質，而進入那些事件在其中形成的區域。以最難描寫的方式，你利用遠為廣大範圍的內在感官，而以一種更直接的方式接觸宇宙。用自己不可毀滅的確實性作為「餌」，你向前去，從宇宙汲取「經驗」未經加工的天然資料。你是你自己，但在那層面卻也是宇宙的一部分，你從那宇宙中源出，其力量與確實性是自己的，等著被獨特地集中焦點。以你們的話來說，你真的向後與向前看，看個人自身與你的文明，看見它們在那兒合而為一，而感覺到無限的聯繫。因此你選來作為自己所有的每一事件，也被選作一個世界性的事件——被別人不論到何種程度地參與，增益了人類可用的經驗，而其他人能自其中汲取。

這涉及了直接的認知，其中，每個意識知道另一個在做什麼、它的「位置」及它的經驗涵義。時間與實相的整個組織架構在每一點都被確定，而其可能性都被探索與了解。

現在：所有這些聽起來很複雜。然而以一個不同的方式，同樣的過程也在其他層面發生。因為，以自己的方式，細胞意識鉅細靡遺地感知關乎肉體存活的所有可能性。在這一刻，你身體裡的細胞知道這星球上任何地點的生活狀況，計算這些，而確定它們要求肉體這方的行動方式。你們的細胞知覺行星的運動，以及關乎身體平衡、穩定與存活的所有境況。然後根據這些計算的結果，身體才不斷地形成。

廣義來說，在夢前狀態，你們覺知自己較大心靈的所有活動，當它參與且貢獻於心靈意識之無限存在，並覺知到為它形成穩定架構的心理實相。

休息一下，或結束此節，隨你的便。我又沒去看牙醫。

（「我們休息一下。」）

（十一點十二分。賽斯說了句幽默的話，因為我上週五拔掉了一顆牙，仍未恢復正常。在十一點三十分繼續。）

現在：那麼，除非符合了某些特定的要求，及發動了某些特定的密碼，否則事件並不會變為實質的。

在夢前層面的經驗，以它們自己的強度發生。這些知識被轉譯成訊息，然後在夢境被分解成更明確的資料，非常象徵性的，且適合個人的要求，以一種魅影似的嘗試方式「在身體裡試車」。

繼之，這些資料更進一步被處理成個人的重要意義、衝動或意向，因而被轉化成為必要的密碼，這些密碼繼之決定出將被實現的醒時事件性質。在資料被登記為實質的東西，或在資料被經驗為實質事件之前，它們必須有某種特定的強度。這過程一部分在夢境發生，創造性在預備的過程裡扮演了一個重要角色。

口述結束，這給下一節做了個好的開始。我最衷心的祝福，祝晚安。

（「賽斯，非常謝謝你。晚安。」）

（十一點三十六分。珍說賽斯資料將導向EE單位——電磁能量單位（electromagnetic energy unit）——的形成，以及它們在創造實質東西時的集體角色。）

第七八九節　一九七六年九月二十七日　星期一　晚上九點三十分

（兩天前，珍收到她第一本印好的《心靈政治》。她很高興，我也一樣。

（因為我們太忙了，我沒為《心靈的本質》寫任何詳盡的註，如我為其他賽斯書所做的。如賽斯在這本書一開始時曾答應的，他自己的確藉著論及我們的活動而不時地「建立背景」，但他對傳送他的資料更有興趣。珍也沒時間提供她自己的註。

（當然我們感覺賽斯工作的重要性遠超過我們自己的評論，但我卻也願意偶爾提醒讀者，賽斯—珍對這些課自發的傳送。

（不論當天我們早先在做什麼，課一開始，賽斯就來了。他或開玩笑或嚴肅，口述一章或對我們的生活或世界做出一般性的評論。他總是準備和我們分享他的感知與知覺，只要他可能把它們解釋為字句，而使我們能了解。當珍為他說話時，她的眼睛總是深暗得多，看來似乎大些，帶著一種逼人的光采，那是既神祕又吸引人的。賽斯的聲音，以他自己獨特的口音透過她而來，可以像耳語一樣溫和，而當他想要強調某一點時，也可以像他所希望的那樣震耳。當珍回過神時，她也許記得他所說的，也許完全想不起來。

（今晚，賽斯直截了當地開始《心靈的本質》口述：）

現在：晚安——

（「賽斯晚安。」）

——口述。我這裡稱為夢前狀態的，實際上是你們永遠沉浸於其中的一個，不論你是醒是睡，或以你們的話來說，不論你是活是死。於夢前狀態，主要在作用的乃是直接知曉（direct knowing）。

夢前狀態是你存在的自然狀態。於是，廣義說來，大自然涉及了包括生與死二者的狀態，那是在遠為廣闊的參考架構裡的。

也許藉由「更有感知力的心理組織」才最能凸顯其特徵。於夢前狀態，你參與了這種組織——雖然夢醒時，你只將能被具體認知與利用的資料帶回給你的肉身。非常重要的是，記住你的經驗與知識也在確實性的其他層面生長。即使在你實質的一生裡，你的經驗也並不被局限於只是傳統的實質事件。那些尋常事件是由發生在這些其他層面的創造性衝動中升起的。

請了解：這裡我並不是說你對事件缺乏有意識的控制，因為它們是按照你的感覺、信念、目的和意向而形成的。

不過，「使得事件真實」的內在資料是從這些其他源頭來的。你們大多數人不覺察事件的基本、神祕本質，因為你沒想到去研究內在組織。任一特定事件的過去與未來提供一種厚度，一種在時間裡的深度（depth-in-time）。一件事的「可能性」實際上逃過了你的注意。

於夢前狀態，你直接面對一個實相，在其中，那些可能性對你的感知是同時存在的。在一個令人目眩的展示裡，你從無限的視角覺知這種事件。你無法有意識地抓住這種資料，更別說對它採取行動，也不能同時又維持你特殊、獨特的心理姿態。可是，你仍然利用那個存在的層面、利用那深不可測的資料做基礎，去形成你所知的實相。

到某程度，你的做夢狀態連接了你認知的生活以及這更為廣大的次元，而這次元即是你醒時生活的泉源。那麼，做夢涉及了比你們所知遠為多的資料輸入；也就是說，當你做夢時，你得到比醒時遠為多的資料——雖然那是一種不同類的資料。你從那資料形成你部分的夢。夢本身再進一步被處理，以使它們變成可認知的醒時事件材料。

（九點四十八分。）夢的戲劇是非常複雜、藝術化的產品。一方面，夢的戲劇代表夢前狀態的其他事件，這些事件的「天然狀況」超過你們的理解。可是，這種事件沒被遺失，而是當你自己的意識回來更接近「本壘」時，轉譯成夢。夢的每一面都以密碼方式作為更大、不可解的事件之象徵。

這象徵是如此精密、準確地產生，以致它們同時也成為與你們親密的日常生活有關之各「面」。既然每日事件也部分是由於這種夢的資料形成，那麼你實質生活的每一事件，也是另一個否則不可解的事件之象徵。那不可解的事件，是發生於你自己的存在沉浸其中的那些心靈層面。

這並沒在任何方面否認如你所想的事件之有效性，因為你所有的肉體活動，立即改變了存在所有層面的所有其他關係。你們大多數都熟悉某種形式的靈感。並非作家、畫家、詩人或音樂家的人，常常突然發現自己有一段短時間幾乎變了樣——突然創作出一首詩、一首歌、一段音樂或一張素描——它似乎無中生有，從通常思想模式的脈絡之外浮現出來，而與之俱來的是，前一刻似乎並沒有存在的了解、喜悅、悲憫或一種藝術傾向。那歌、詩或音樂來自何處？這種人感覺自己以一種直接方式突然「知道了」。他們經驗到可說是由內而來的知識，而非外來的資訊。

那麼，夢是以同樣方式來的。晚上就寢前，你不必奇怪如何形成一個夢。你不必知道任何涉及的機制，因此夢常像「只是發生了」，與一個靈感似乎就這麼來了一樣。

關於夢的本質，人們曾寫過一些書。那是有關預知夢，或聖人和聖經裡受尊敬的人物作了預言性質之夢的典型報導。然而，每個夢到某程度都改變了實質世界。一個創造性的念頭可導致一本書——無疑是個足夠實質的產品。夢以實質事件賴以形成的最切身機制涉及你。對夢做出直接反應時，有荷爾蒙與化學的改變在體內發生——通常在細微卻重要的層面。你的夢於是與你的生物性組織連結在一起。與細胞活動有關的夢影像之內，又有密碼式的生物性聯繫——這不是一般性地說，而是非常個別而明確的。

每個夢中物體是以最高辨識力選擇的，因此它在許多層面可被用為一個象徵，也對你身體個別的細胞以及器官發出適切的訊息。

你們休息一會兒。

（十點十五分到十點三十八分。）

我要討論在創造性、夢與實質事件實際形成之間的關聯。同時我了解你們需要某種精確的術語——雖然我同時知道，以某種方式來說，我為了你們的益處而變得更「精確」時，可能失去更多逃過了這種限制的更大問題。我也要避免與某些字相連的許多成見。

不管怎樣，在夢中，你與形成實質事件的過程密切相連。再次，當你自己的存在以你的信念、欲望和個人天性印於宇宙之上時，事件從你放在宇宙上的重要意義而獲得它們的特性。

正如一個大陸不會獨自存在，卻還與其他的實質岩層有關，因此以你們的話來說，你們形成事件以使它們與群體的架構契合。你形成你自己的實相。不過，你並不是孤立或單獨地形成它。你是覺知其他事件，並把它們納入考慮的。舉例來說，不論外表看來如何，你不能強迫另一個人體驗一件他拒斥的事件，也沒有人能以同樣的態度對付你。所謂好或壞的事件，每個都忠實地追隨內在的機制。

為了要變成實質，可能事件必須合於某種條件。它們必須落入恰當的時空位置裡。也必須有一種心理上的適合，在欲望、信念或意向上達到某種強度。說到強度，我不一定是指努力、熱切的欲望，或下決心的有意識意向。我是指某種無形品質的集合體，精確地向實質的活動集中焦點。

實質事件暗示了基本上非實質力量集合成為一個組織，這組織原本是存在於時空脈絡之外的。這是一個心理的組織，包含一組被選擇的可能事件。可以這麼說，這些在側翼等待著實質地實現。那實現的最終發動也可來自醒時或夢中狀態，但它代表所需的最後因素——靈感、欲望或目的之加快——那將突然地發動原本的心理組織，而成為實質的發生。

（在十點五十六分暫停。）在其他資料裡，我提過的ＥＥ單位是重要的，因為它們存在於一個電磁的活動範圍裡，啟動腦與神經系統的某些反應。不過，事件本身則涉及存在於ＥＥ單位之間極為相關的活動場（field of activity）之穩定狀況。

這些「場」涉及心理的反應，非肉眼能見，但它本身卻像核子爆炸那麼具爆炸性。也就是說，這些心理的活動，「爆炸」而成為實質事件。這些活動是藉由一種變形與充電，使純粹的精神行為「衝破了時空障礙」，而以現實的樣子進入物質世界。以一種方式，ＥＥ單位發生在這活動的最遠處。如果一個事件是一件實質的交通工具，好比一艘太空船，那麼ＥＥ單位將容許它在你們的世界著陸，卻不會是原本的推進器。那些推進器是心靈的交感場（field of inter relationship）。

讓我們用一個比喻。假裝你是個星球，就如以某方式你的確是的，存在於一個極為複雜與成熟的宇宙裡。你知道太空是由各種居民所填滿的，而我們將把這些太空居民比喻為「可能的事件」。作為一個星球，你有某些特性，有些太空居民根本不能在那些條件下著陸。這些條件代表你自己心理上的個人性。你對星星們發出訊息，因為你很寂寞，而事件或訪客是你獲取經驗與知識的主要方法之一。為了將自己的火箭船著陸，太空旅客必須進入你的大氣而利用它的條件，同時保持它們自己的完整性。它們也必有自己的理由來做這樣的一次拜訪。

且說，任何實質事件就有些像是從「別的某處」進入你世界的一艘火箭船的衝擊。思想常常彷彿游進或游出你的意識系統，而你幾乎沒注意到。事件常以同樣的方式出現又消失，但它們卻影響了你的實相。你在某程度上吸引了它們，而它們被你所吸引。一個相關的場暫時被建立了，它是極度充電的，提供了一個內在通路，經由它，可能事件能流進你可認知的事件範圍。

這通路存在於心理的層面。啟動了你的感知機制，這機制當然又起而反應並且負責地感知。你的意向或目的或信念是主要吸力之一，這些被用為搜索宇宙的光束，但顯現（manifestation）的條件也要存在，彼此一定要剛好相合。

你們休息一會兒。

（十一點二十一分到十二點四十分。）

現在：口述。首先，你自己的宇宙也不是孤立的。它只不過是你感知到的那一個。

基本上來說，在你認知的那個宇宙內還有其他的宇宙，而在那些宇宙裡發生著你不覺察的其他事件。可以說，一個宇宙存在於一個宇宙裡面，而它們的事件也是一個在一個裡面。因此，雖然任一特定事件自身好像只是你認知的樣子，然而它是其他「一個存在於一個裡面的」、無窮盡事件的一部分，要在某些層面分離這些「部分」是不可能的。

對於這點，你的日常生活似乎很少給你證據。不過，你的夢常包括這種相互的關聯性。因為你以目前的方式感知事件，當然你看到的是熟悉的物質宇宙。夢的事件在時空裡沒有那麼精確，因此常可用為一個架構，透過它可以瞥見其他宇宙的一些證據。沒有系統是封閉的，可以說，在所有宇宙之間都有相互作用。也沒有心理系統是關閉的——即令當它保持著一個不可摧毀的不可侵犯本質時。

那麼，夢就像廣大的大眾傳播網那樣運作，在心靈某些層面的電視有效得多。於是，夢境能被用為一個心理或心靈的高臺，來看其他的實相，也可用來瞥見內在的機制，那是在你們世界裡非實質事件藉以變成確實的機制。

口述結束。此節結束，除非你有問題要問。

（十一點五十分。賽斯透過來給珍一頁資料，是對我關於她的寫作問題之反應，然後在十一點五十四分結束此節。）

第七九〇節　一九七七年一月三日　星期一　晚上九點二十分

（今晚我們在三個月的休息後又再開始。那段時期我為賽斯《未知的實相》卷一定稿打字，珍幫我忙，我們剛把它寄給她的出版者Prentice-Hall。現在我可以著手進行卷二了。

（其他方面，我們這一陣子很忙碌。在許多事之中，我們還見了去年夏末約好的最後幾位專業人士。而且很少沒有未預期的客人。

（然而，我們外在活動的同時，對我們而言，十一月還是個悲傷——與富教育性——的月份。我們十六歲大的貓——威立——去年第一次顯出病象。獸醫告訴我們，這隻貓的心臟正在衰退。當珍在講《未知的實相》時，威立常睡在她懷裡，我們以沉重的心情感受到牠漸臨的死亡。

（牠死於一九七六年十一月五日，當時牠在家跟我們一起。牠對死亡勇敢地順從，使我們感覺謙遜和無知——面對自然的神祕感到敬畏——因為威立無疑地懷著一種絕對的信賴死去，那是人們極難達成的。我把牠葬在後院。現在我們走出或走入車道，幾乎都會向我在牠墳上放的一堆石頭看一眼。

（然而，在威立死後的週末，珍堅持要我們立刻弄一隻「新」的小貓。她怕如果我們不這樣做，她將永遠不再養小動物——因此我們在鄰近的「愛護動物會」找到了「威立二號」。牠這麼小，幾乎只有我的一個巴掌大。在今晚這節裡，牠在我旁邊蜷睡在沙發上。

（賽斯以結束他給珍的《保羅．塞尚的世界觀》序言開始此節，此書Prentice-Hall今年晚些將出版。在那篇序裡，賽斯據他對「世界觀」的理論，傳送了一篇極佳的解釋短文。他視珍的書為那範圍內的一個重要成就。

（然後，在九點三十三分回到《心靈的本質》：）

口述：有一個心理與心靈上的極大距離，分隔我的和你們自己的實相。到某個程度，魯柏的心智是我們之間的聯繫。因此，當我在課裡說話時，並不全然是我自己。

我是透過你的實相而轉譯的我。我有個人的特徵，那些來上課的人藉之能認明我。我有一個奇特的嗓音與口音，容我如此說，那是獨特而個人性的。然而我從一條奇怪的路徑來到你們的實相——不涉及道路或公路，卻涉及心理的戲劇之路，它向後彎曲，像進入你們人類「心理的歷史」途徑。到某程度，我就像一個特別鮮活、堅持、重複出現的夢中影像，拜訪這群體心靈（mass psyche），只是帶著一個不限於夢的實相——達到心理飽滿性（fullness）的夢中影像。心理上說，在與這樣的飽滿相形之下，平常的意識似乎只是一個微弱的鬼影。

我們曾說起夢中事件和醒時實相，創造性的本質和事件的形成。我們也曾談及，以你們的話來說，巨大的心理存有，它形成你們自己的實相所從出的心理結構。以那種關聯來說，我的實相本質變得有關緊要了。

此地我不是在談神祇，而是在談與你們所知不同的那些心理結構。以他們「現在的」組織形式，無法直接地感知或經驗你們的實相。以一種方式來說，他們是在背景，而你們經驗的前景即從那兒浮出。他們以許多方式出現在你們的夢中，像是你們裁自其中的布匹。他們是那些不需要名字的力量，除非為了你們的方便才命名。

（九點五十分。）那些心理結構也是偉大的能量發動者，因而也就是事件的重要創始者。它們極少實質地物質化，對人們的心靈需要卻非常有反應，因此，它們在歷史上各種不同的時候「出現」，帶來某些資訊，與某些夢可能在一個私人心智中再現是一樣的方式。

以最宇宙性及最微細的方式，實質經驗從內在的實相中跳出。事件是由內創始，而後出現於外的。以你們的話來說，我沒有實質的存在。可是，這些書卻創始了相當實質的事件，使讀者學習對生活有更好的掌握，擴展他們自己的意識，而變得覺知到自己更大的能力。

如果你喜歡，你可以說我甚至是欠缺一個形象的夢中影像——但如果是如此，那麼被我的言語改變了生命的每個人必定要問：「夢是什麼？」就如我的人格沒有肉體的表象而存在一樣，你們自己的也是如此。你們夢中和醒時經驗對整個宇宙有直接的影響。不同的是，你並不有意識地知道你在做什麼，而我知道。我改變一個世界到某個程度，雖然在你們來說，我不真正地坐在一張椅子上或是在街上跟你招手，或看見薄暮與晨曦的來去。

對我而言，你們的世界是我受邀訪問的夢之宇宙，一個我發現很獨特而非常親切的可能實相——卻是個我不再有直接經驗的實相，因我不像你們一樣沉浸其中。我能告訴你有關它的許多事，因為你們精確的貫注必然會造成一個較狹窄而集中的視角。

且說，在你們的夢裡，時常造訪其他這種實相，但你沒學會去組織你的感知，或指揮它。如果像我這類的存有形成你們自己的存在背景，同樣的，像你們自己那樣的存有，也成為其他這種組織存在其中的心理結構背景。在所有這種關係裡，總是互相有取有予的。

因此，你們的心理實相暗含在我自己的實相之內，而我的在你們的之內。就如你們的實相暗含在威立二號（我們的貓）的實相之內——而牠的在你們的之內。

你們休息一下。

（十點七分到十點二十分。）

很不容易解釋內在心靈的作用，或在夢背後的活動，因為這種經驗存在於語文的架構或意象之外，基本上是在處理心理與心靈能量的本質和行為。

我是個人化能量的源頭——而你們也是的。以你們的話來說，我曾度過許多生，但以另一種角度來看，我沒有以肉身活過，而是把我的能量借貸給從我的實相升起、卻非我的那些生命。以同樣方式，你孕生自己的夢中影像——幾乎未覺察你曾如此做，沒意識到被一種逃過了你注意力的心理實相提供了動力。你所開始的夢故事自己繼續了下去。沒有一個夢是死胎。這本書的每一章是以這樣一種方式寫出來，使得所呈現的概念將發動你們自己的直覺，而打開在你的做夢和醒時狀態之間的通路。

在每一瞬，你自己更大的實相都在你四周盤旋。如果你精確地知道自己如何從一個胚胎生長成人，如果你能有意識地追隨那過程，不一定會過得更好，卻很可能阻礙你的成長。因為你會開始問：「我這樣做對了嗎？」那過程的完美會使你不安。

同樣地，對夢境本質一步一步的圖解，很可能使你太神經過敏。（幽默地：）你會開始問：「我做夢做得對嗎？」

（十點三十二分。）許多人對他們的夢懷著敬畏之心，害怕任何不能有意識控制的事。但如果你把你的夢，想作是自己經驗在另一個脈絡裡的延伸，那麼你的確可以學會處之泰然，將更容易回想起夢。而當你那樣做時，將可能維持醒時與夢境之間的連續感。

當這發生時，你自己心靈的地形將更清楚地現出。不過，那些地形線不會以確切數學似的定理顯出，卻將藉創造性的技巧、符號、感覺與欲望露出。

創造性的特質在兒童身上顯得最清楚。創造性暗示在一架構內的放恣，那是為它自身而被接受的，且只為了它自身。

如果在你的醒時辰光，你為自己好玩地虛構了一個夢，而後好玩地詮釋它，不去擔憂其中的涵意，只是為了它本身，你將無心地觸及自己的夜夢本質。你規律性的夢與你刻意「製造的」夢將有許多相同處，而製造夢的過程將使你熟習意識的變換，那到一個更大程度是在每晚都發生的。這是個極佳的練習，對那些精神架構太死板的人尤其有益。

在大多數夢的研究裡，對夢的遊戲性和創造性太過低估。兒童們常透過遊戲嚇自己，卻一直都知道遊戲的架構。在花園裡的惡鬼在晚餐鈴響時就消失了，孩子回到了茶點的安全宇宙。夢常有同樣的用處。恐懼被面對了，但黎明到來時，做夢的人醒來吃早餐，那恐懼終被視為無謂的。這可不是一個對所有不舒服之夢的解釋，但它卻提醒我們，並非所有這種事都是神經質的，或是對未來實質問題的象徵。

魯柏和約瑟有隻小貓，在牠偉大而充沛的肉體精力之中，追逐自己的尾巴、攀爬家具，使自己力竭——而以多少相似的方式，人的心智充滿活力地與自己玩耍。在夢裡，它自由地用所有那些精采、有勁的能力，沒有實質回饋的需要，也不需要小心或質疑。它尋求實相，促生心理模式，盡情地在精神活動上用它自己，就像小貓在肉體的遊戲上那樣。

當你嘗試以死板的嚴肅探究心靈時，它總會逃過你。你的夢也許可被詮釋為戲劇，但永不會是圖表。

做做好事吧，別試圖把「夢的詮釋」拉下到你的層面。反之，試著遊戲地、想像地進入那實相，容許你自己的醒時意識上升到對事件更自由的註釋，在其中，能量不被空間、時間或限制所禁錮。

口述完畢，等我們片刻……

（十點五十七分。賽斯給珍和我一頁資料，然後在十一點十二分結束此節。）

第七九一節　一九七七年一月十七日　星期一　晚上九點四十二分

（雖然我們不太情願，但珍和我最後還是弄了個不列名的電話號碼。通常每天有多達二十通的電話打進來——有時還更多，不分晝夜。這樣加起來，一個月有差不多六百通信息。珍接大部分的電話，因為通常人們是要跟她說話。大半時候她喜歡這種個人的交往，而常花上約半小時那樣去幫助別人。但最後她實在沒有時間那樣常常回答電話，同時還要完成自己的工作。）

現在：口述。（停頓良久。）假裝你是個好演員，在一個多次元的戲院演戲，因此你扮演的每個角色獲得一種活力，遠超過任何平常戲劇的創造力量。

你們每個人都在從事這樣的一種努力。你在角色中失落了自己，也涉及一種創造性的兩難之局，因為以一種方式而言，你作為演員而把自己與你演得那麼久的角色混淆，以致你也被騙了。

你說：「在死後我必須維持我的個人性。」好像在戲演完後，那扮演哈姆雷特的人留在那角色裡，拒絕學其他的角色或繼續他的事業，而說道：「我是哈姆雷特，永遠得追隨我的兩難之局和挑戰。我堅持要維持我的個人性。」

在夢境，演員到某程度對他們所扮演的角色有些覺知，而感覺到在演員的技藝之後，有個真正的個人身分。我以前談到過這個，但要謹記，即使對你所知的自己，你也強加上了某種「人工的」誇大持續感。你的經驗經常在變，生活的切身脈絡也一樣——但你卻只貫注於有規律的那些點，以你們的話來說，那實際上縮小了你經驗的脈絡，使它較易被理解。其實，你的意識並沒有受這種限制。

你們有個群體的心理環境，它形成你們世俗的文化，並與一個俗世的舞台對應，經驗隨後在那舞台上發生。某些心理的傳統被用作道具。於是，有多少是正式心理上的安排被用為參考點，或布景。你在那些安排之內類組你的經驗。這些安排於是形塑了你們實質感知到的精神事件。

最後一句話是重要的，因為在人生之中，你的經驗必須以肉身去感覺與詮釋。不過，雖然如此，事件是源自一個非肉身的來源。如先前提到的，你所憶及的夢，已經是其他非實質事件的詮釋。

盡量簡單地說，你實際的經驗太廣大了，遠超過你所能實質追隨的。你們特定的這種意識是專注於特定區域的結果。你想像它為「絕對的」，在於它似乎涉及一種完全排他的狀態，那包括了你自認的身分——只是你給予它像個王國般的界限。

然而，身分是某種不可褻瀆的組織，即使當它是「具有自己焦點的其他種類意識」的一部分時也一樣。你的身體本身，是由意識的自覺組織所合成的，這些組織逃過了你的注意，並且處理完全陌異於你自己方式的知覺資料。

（十點十分。）有一個最「成熟的」（sophisticated）聯盟方式，甚至跳越過物類的界限。看看你們的文化世界，有它的藝術和製造業，城市、技術，以及心智善加開發的應用；算算你們的宗教、科學、考古學以及對環境的征服，似乎在你看來，沒有其他意識曾製作出人類所造成的東西。你們意識的「成品」的確是獨特有創造性的，而且形成了一個有特性的鑲嵌畫，有它自己的美與高貴。

可是，有些意識的組織，雖然躍過了人類，卻並沒產生藝術或科學——然而這些組織一同形成活生生的地球和其上的實質生物。它們的產品是，你行船其上的海洋、飛翔其間的穹蒼、城市蔓延其上的陸地，以及使得你們或任何文化成為可能的那個實相。

人類是那個橫貫物類（trans-species）意識的一部分，植物和動物也是一樣。同時，人類的實相一部分貢獻給了那橫貫物類的組織，但他沒選擇將實際的日常意識貫注在那方向，或將個人性與它認同。因此，結果是他不了解自己擁有較大的自然機動性，也不能實際地感知他為其一部分的自然心理完形（psychological gestalt）。那完形形成所有你們的自然——意指物質的——世界。

在夢裡，這關係常被透露。此種關係背後的真理，天生存在於所有半神半人或半獸半人的傳說與神話之中。那麼，在人、動物和所謂的神祇之間有聯繫，暗示了心理與自然的實相。

可以這麼說，大地的任一區段都有個身分，而我並非象徵性地說。這種身分代表在那任一特定範圍的土地、人們和動物意識的聯合組織。簡而言之，有多少種粒子就有多少種意識，而這些意識以無限多的方式組合。（停頓良久。）在夢境，某些那種經驗形成了夢的戲劇背景，這些經驗非如此無法對你開放。（一分鐘的停頓。）*你們*的意識並非一個你擁有像手電筒的東西。反之，它真正是意識點的聚合物（conglomeration of points of consciousness），蜂擁群集而形成你的有效性——印上了你的身分。

（熱心地：）不論是散開或集中為緊密的一團，「單獨」出現或飛經其他較大的群聚，那特定組織代表著你的身分。

打個比方，它的「粒子」可以散佈於宇宙之間，有銀河系位於其間，然而其身分將被保持。因此，不被知覺地，你意識的某些部分與其他物類的意識混合在一起，這並沒動搖你自己個人性的感覺於分毫——然而它們形成了其他的心理實相，那是你現在沒貫注其上的。

在夢境，動物、人和植物互相混合其實相，到這樣一個程度，以致屬於某一物類的資料，藉著一個若非如此你的世界不會知道的內在溝通或感知，傳給其他物類。

你們休息一下。

（十點四十五分到十一點五分。）

地球自然結構的形成，是所有物類生物上的合作所導致的結果，而意識本身獨立於它任一時候所採的任何形象之外。

因此，在你們看來會顯得混亂的層面上，存在著意識的偉大混合、資訊的持續交換，以及對可能性的開放探究。從那兒，以你們的話來說，個人與群體的事件浮露而出。

我只不過是在解釋大自然的物性、態度、能力和傾向。在你們所謂的夢境，有那麼多不同的層面，以致不可能列舉出來，如果非得列出，也只能出於較為刻板的形式。這尤其是因為有些夢事件涉及生物性的理解，那是無法以文字來轉譯的。

曾有人說，「無意識」對你的健康、心境、人際關係等最微小細節都很密切地覺知，那是真話。「它」覺知地球的健康狀況——甚至這星球另一面的環境狀況，也熟悉文化的氣候。你被認知的意識如此運作，是因為極廣大的資料收集過程——統合所有物類的那些過程。生物上來說，這種資料是密碼式的，但像遺傳因子和染色體裡的那種肉體資料，是可以透過經驗與精神活動改變的，在其他物類與你們人類都一樣。

（十一點二十三分。）另一方面，動物——特別是人——做夢不僅涉及了資料的處理，還有資料的收集。藉著打開在醒時狀態沒法得到的資料來源，藉著提供從傳統世界之外得到的回饋，做夢使得生活不致變得封閉。透過醒時學習的努力和經驗得來的資料，在夢裡被檢查，不止是以實質經驗來比對，並且也按照那些「生物的」與「靈性的」資料來處理。再次，那資料的獲得是當睡眠意識分散它自己——以一種說法——而與自己及其他物類的意識混合，同時卻仍維持自身整體的身分。這些其他意識也是以相同方式分散的。

以這種方法，每個人維持住對流變不居的物理與心理群體環境的畫面。如你們了解的實質事件，若非如此無法存在。（停頓良久。）基本上，資料即經驗，在夢裡，你獲得形成生活所必需的資料。因此，睡眠狀態不僅是你意識的另一邊，也使得你的醒時生活和文化成為可能。

死亡以同樣的方式運作。動物特別悟到此點，因為牠們與你們不一樣地組織時間。因此，夢提供所有生與死的條件——一件常嚇著醒時自己的事實。但此處是個創造性的混合，散文似地調準的有意識生命自「感知組織」中浮現。這裡也造成所有你個人與全世界認知的日常事件原料。

在自然界沒有被浪費的東西，因此人類夢土之豐茂生長也被利用到。不論這些是否實質地實現了，它們有自己的實相。你自己的個性到某程度是你醒時經驗的結果。但它們也同樣是由你的做夢經驗形成，由發生在夢中的學習、知識與遭遇形成——雖然那似乎不是你合法的感知。那麼，學習過程深深涉及夢。早在嬰兒會爬之前，他們就有走與跑的夢，用作一種推動力。

以很初步的形式，兒童的夢也涉及數學觀念，因此正式數學訓練落在本已肥沃的土地上。藝術、科學、農學——所有這些反映人類心智天生具有的自然地形與傾向，在夢中先以一般性而非特殊性的屬性露出，然後在醒時狀態再煥發成專門化的智力傾向。

因此，早在部落時代之前，城市就存於夢中。夢境提供了成長的推動力，而打開了對地球調準的意識為其肉體生存的訊息大道。

（十一點五十九分。）那狀態也是與醒時生活連接的，你也帶進日常生存的許多成分，因此你憶起的夢常常以相當傳統的樣子鑄成。一般而言，你記得夢的外表虛飾；當你接近平常的意識層面時，夢已是一種變貌。在一個夢裡，你基本上覺知一件事的這麼多面，以致它們之中有許多必然逃過了你的醒時記憶。任何真正的教育必得把夢裡的學習過程納入考慮，若不鼓勵夢的經驗、回想，以及在醒時生活裡創造性地應用夢的教育，沒有人可能瞥見心靈的本質。

（較大聲地：）你有任何問題嗎？

（「沒有……」）

那我把你們交還給你們的小貓，牠正就在做你們要牠做的事——你們兩個。

（「好吧。」）

牠在提醒你們生命自然自發的創造性——你們自己的創造性、目的與意向之源。有了它，生命才能侵入你們的藝術（感覺有趣地）。

我最衷心的問候。並祝你們晚安。

（「非常謝謝你，賽斯。晚安。」）

（十二點十八分。我們笑了。賽斯關於威立二號——如我們現在有時稱牠的——或比利的評論，顯然是針對在課前，當那小貓精神充沛地跳過家具、抓窗簾、抓珍和我、弄亂我們的紙張時，我們感到的莫名厭煩。）

第七九二節　一九七七年一月二十四日　星期一　晚上九點二十二分

現在：口述。

在醒時的實相裡，你們顯然共享一個群體的世界經驗，正如你們共享一個實質的世界環境。

再次，你們所感知的事件是在時間順序中包裝好了的，因此你習於某種有前有後的次序。當你建造實質的結構時，你把一塊磚堆在一塊磚上。可能看來心理事件也彷彿有同類結構，因為你畢竟是在時間之內感知它們的。

當你問：「事件是如何形成的？」你多少期待一個以那種方式措辭的答案，但答案並沒那麼簡單。事件的源頭，是在你通常最少關心、創造性和主觀性的存在領域裡。這做夢的狀態提供一個內在溝通網，本身遠遠超越了你們技術性的通訊，內在網路全然是處理另一種感知的組織。一朵玫瑰是一朵玫瑰是一朵玫瑰（譯註：女詩人葛楚・史坦的名句）。可是，在夢境，一朵玫瑰可以是一個凳子、一首歌、一座墳墓，或也可以是個小孩，而且同等地是每一個。

在夢裡，你當然是處理象徵符號。然而象徵只不過是另一種相當「客觀的」事件的例子。它們是那些自身好像是的事件，同樣也是那些沒「即刻地」顯示自己的事件。因此，一個所謂的事件，可能是許多其他事件的容器，而你只感知它的外表——而稱那外表為一個象徵。

然而，在那象徵內的其他事件，就與你感知的那一事件同樣合法。

基本上，事件並非一個建立在另一個上面。它們以一種自發性的擴展自彼此生出，那是一種創造力的盛放，同時有意識的心智選擇那些面向去經驗——而那些面向於是變成你所謂的一個客觀事件。

（九點四十分。）事件顯然不止是由你們人類所形成的。因此，如我在上一節提及的，有一個夢的層面，在其中，所有向地球調準的意識，包括所有物類和階層，都聚在一起。從你們的立足點，這代表無意識創造力的一個深沉狀態，特別是在細胞層面。所有細胞的生命藉以彼此溝通，而形成重要的生物性網路，這網路為任何一種「較高的」經驗提供必要的基礎。

你們所謂的做夢顯然依賴著這細胞的溝通，它分配生命力遍及全星球。因此，任何心理事件的形成，依賴這物類與物類之間的關係。

你們所熟習的心理象徵，以自然的方式如煙般上升，是細胞結構本身天生固有的。以最深的方式來說，動物與植物也擁有象徵，並且對之反應。

象徵可以稱為心靈的密碼，按照意識發現自己所處的環境，它們以無窮無盡的方式被轉譯。夢的事件「會合在一起」，就像宇宙會合在一起那樣。因此，事件無法精確地定義。你可以探索自己對一件事的經驗，然而那探索本身就改變了那些似乎是分開的事件本質。那麼，你們共享一個群體的夢經驗，就如你們共享一個群體的醒時世界。你的日常經驗是私人的，為你所獨有的，卻發生在一個共享的環境脈絡內。這同樣也適用於夢境。

你的夢也是你獨有的，它卻發生在共享的脈絡裡——世界的夢發生在其中的一個環境。在那脈絡中，你自己的存在是「永遠」被保證的。你就是自己在時空中的實質事件，而因為那架構的條件，在其中，你自動排除了「自身」（selfhood）的其他經驗。你自己的更大事件，存在於超乎你平常對事件感知的脈絡裡。然而，你自己的那較大部分形成你所知的自己。

在夢境，你到某程度踏進了一個較大的脈絡。為了那個理由，你也失去所熟習那特有的精確方向感。有時你卻開始感覺事件較大的形狀，以及你自己存在的無時間性之本質。

個人地與群體地，你在夢境改變意識的取向，並且處理事件的誕生，那些事件在後來才用時間結構起來，或被實質地經驗。

你們休息一下。

（十點七分到十點二十九分。）

首先，實質事件是非實質屬性的產物。

事件的形成，最初是一個情感、心靈或心理的作用。事件是具體的轉譯，也是內在感知經驗的世俗化版本，它然後「結合」進時空裡。事件是按照那些涉及愛、信念、意圖及懷抱它們的強度法則來組織的。

按照你的愛、信念、意圖與目的，你吸引或排斥事件。你的世界提供一個戲院，在其中某些事件能或不能發生。戰爭、暴力、災難——這些顯然由許多人所共受，而且是你們共有的心理與實質環境之一部分。

然而，有些人以肉搏或轟炸的方式，直接遭遇戰爭；其他人只因而感到不便。這裡，群體共有的環境，按照個人的信念、愛與意圖而被遭遇為物質實相。在最深的意義來說，並沒有所謂「受害者」這種事——不管是受戰爭、貧窮或疾病所害。這並不表示不應去對抗那些負面特質，因為以傳統的了解來看，無疑地，男人和女人在許多這種案例裡，顯得是受害者。因此他們表現得像受害者那樣，而其信念加強了這種經驗。

無疑地，我說「你的信念形成你的實相」不下百次，這表示你的信念建構你所知的事件。

這種經驗隨即更徹底地說服你相信你所感知的實相，直到形成一個惡性循環，在其中，所有事件如此完美地反映信念，以致在兩者間顯不出有任何的空間。

不過，如果這真的是如此，那麼人類歷史將永遠不會有任何真的改變。替代的經驗路徑——新的可能性與直覺的解決——經常在夢境出現，以使人的學習不只依賴一個不容許填入創造性資料的回饋系統。做夢於是提供人類除此之外得不到的學習經驗。在夢中，能以比存在於任何層次的傳統日常實相更為進步、更高的了解來評判行為與事件。

舉例來說，從一個人的意圖、愛與欲，可能生出一些糾葛，使得那個人會去尋找本身信念使之不可能的某種事件。目前的經驗將提供一個兩難之局，在其中，一個所想要的目標彷彿是不可能的。

這種情況下，一個夢或一連串的夢，於是常會在某方面藉由提供新資料而改變他的信念，否則那改變是不會發生的。同樣，資料也可能在一種靈感突發的狀態下得到，但它們無論如何都是一種獲得知識的結果，否則那知識是不可及的。愛、目的、信心與意圖──這些形成你的肉身，影響你的肉身也與它一同工作，即使在其他層面上，肉身是細胞意識所形成的。

（十點五十九分。）愛是個生物上也是心靈上的特徵。基本上，愛和創造性是同義詞。愛沒有對象也存在，它是一個推動力。藉著愛，所有的存在得以彰顯。欲望、愛、意圖、信念與目的──這些形成你身體的經驗及所有它感知的事件。你無法改變你的信念而不改變你身體的經驗。在生物上與心理上的健全性，兩者之間偉大的相互取予經常在發生。你的思想與細胞一樣地活躍，在維持你肉體的存在上也同樣重要。

你的思想與細胞一樣自然。你的思想也把你推向存活與成長——就以自身細胞所做的同樣方式。如果你發現身體在健康上發生困難，你不能說：「為什麼我的身體不阻止我而肯定它自己的智慧？」因為最真實地說來，在你的思想與身體之間沒有區分。你有思想的能力，正如你有動彈的能力。你的思想就與細胞一樣孳生，如此說來，你的思想是意在保證你的存活，就如肉體機制也一樣。

在思想與肉體之間的相互取予，大半在夢境發生，那兒發生不斷的資料轉譯。你的思想與身體細胞彼此互相反映。

我將建議一連串的練習。它們應被視為創造性、充滿活力的遊戲。這些遊戲能把你的注意力轉移到你經驗中通常不注意的那些面，而使你熟悉自己的心靈，或自己更廣大的經驗。

不過，如果你帶著太認真的態度或意圖去做這些練習，將不能產生本該有的效果。它們應被視為創造性的遊戲——雖然它們本質上是精神性的，而且實際上包括了兒童十分即興地去嘗試的心智努力。因此它們不應被視為玄祕的成就，卻代表試圖再次發現真正透明的欣喜，那是當你在操縱自己的意識時——當你像孩子跳繩般地把它圈起又鬆開時——所曾感受過的。

你們休息一下。

（十一點十五分到十一點三十分。）

夢境是所有實質事件的來源，在於它提供了那偉大的創造性架構，而你再從中選擇每日的現實。

兒童很快地從父母那裡學得，經驗必須以某種傳統模式來結構。可是，在想像遊戲的時間裡，兒童應用夢事件，或在夢中感知的事件，同時明白地領會到這些在「真的」世界不被認為是確實的。

實質的遊戲是愉快的，並且伴有高度的想像活動。肌肉與心智兩者都被鍛鍊了。同類的活動發生在兒童的夢境，小孩在實質地接觸到事件之前，能夠事先學著去處理。這涉及強烈的夢活動。對兒童們而言，有些夢事件比醒時事件還要真實——並非因為兒童不了解經驗的本質，而是因為他與事件背後的感情基礎仍如此接近。我建議的某些練習，將使你接觸到事件形成的方式。

兒童的遊戲、創造性和夢，全都以最直接的方式把你捲入事件的誕生。當然，你玩的或習慣性觀察的遊戲，能讓你了解到發生在自己經驗裡的那類組織。全盤而言，你圍繞著某種情緒來組織事件。這些事件可能是戰鬥性的，在其中，總有好與壞的團隊、解救或毀滅、贏或輸。

你一生的事件將追隨相似的結構。在受制約訓練（conditioning）之前，兒童的遊戲隨著對表演、對身體或想像力的喜愛，只為表演而表演，那是一種擴展精神或肉體的能力。最令人滿意的事件都會涉及那些特徵。那麼，我將建議的練習是一種「任何人都能玩」的遊戲（譯註：當時有一本暢銷的心理學書籍《人們玩的遊戲》），讓你練習自然而快活地操縱想像力，那是兒童所擅長的。

口述結束。下一章將被稱為：〈任何人都能玩的遊戲、夢，及事件的形成〉。

（十一點四十七分。一如往常，在給珍和我約一頁的資料後，賽斯在十一點五十五分結束此節。

（第二天早晨，珍醒來，心中有一本書的標題：《一個美國哲學家的死後日誌》（*The After-death Journal of an American Philosopher*），她知道這標題指的是威廉．詹姆士——美國心理學家，哲學家（1842~1910）——而且還涉及一個夢，雖然她已忘了那夢，只剩下書名。

（如早先在這稿本中提及的，珍曾收到幾頁「詹姆士資料」，她將它包括在《心靈政治》（*Psychic Politics*）裡。去年賽斯曾給了一課，解釋她與詹姆士「主觀上的聯繫」，但並沒提到未來會有一本詹姆士的書。

（無論如何，在這早晨珍突然感到「胸有成竹」。她把新的打字紙放進打字機，而立即開始很可能是本新書的東西。在她開始工作時，我旁觀著，覺得有趣，並且的確很高興。再次，就像塞尚的稿本，今晨的資料「來得」那麼快，以致她必須盡快地打字以跟上它的流速。

（等著瞧會發展成什麼樣子，一定很有意思！）

Chapter 10 任何人都能玩的遊戲、夢，及事件之形成

第七九三節　一九七七年二月十四日　星期一　晚上九點二十八分

晚安。

（「賽斯晚安。」）

口述。頭腦主要是個形成事件的心理機構，意識透過它運作。頭腦形成事件的傾向，甚至在幼兒中都很明顯。所謂明顯，我是指活躍，即當幻想發生時所涉及的活動，遠超過當時幼兒已發展的身體能力。

兒童的夢比成人的要更強烈，因為頭腦正在練習它形成事件的活動。在某些身體能力被發動之前，這些必須先發展。嬰兒於夢中玩耍，做出超過他們目前身體能力的動作。雖然外在的刺激很重要，但夢的遊戲內在刺激甚至更重要。

兒童在遊戲的夢裡練習用所有的感官，那夢又再刺激感官本身，而實際上有助於確保它們的協調。以你們的話來說，事件對兒童而言仍是可塑的，在於他們仍未學到應用你們嚴苛的結構。有個很有趣的一點，那是與協調各種感官需求相關的：在這過程發生之前，事件並沒有死板的安排。那安排是後天養成的。例如，未協調的兒童感官，當他今天看到明天將說出某些話的人時，可能真的聽到明天將被說出的字句。

那麼，把感官集中焦點在時空中，到某個程度是個後天學得的藝術——就精確的身體操縱而言，當然是一種必要的藝術。但在那集中發生之前，兒童，尤其是在夢境，享有事件的全盤版本，然後它逐漸地變得更清晰而縮小範圍。

在時與空方面，仍留有某些分量的活動空間，因為即使生物上兒童亦天賦擁有一種「前瞻」（forevision），容許他對即刻的未來事件有些「無意識」的視象，那給他對危險的警示。從這較可塑的、輕鬆的經驗，兒童在夢裡開始選擇更特定的事件，而如此做時，訓練感官本身朝向一個更狹窄的感受。

玩耍的時候，兒童事實上常繼續一些在夢境十分自然地創始了的遊戲，包括了角色扮演，還有只簡單地涉及身體肌肉活動的遊戲。所有這些都是學習明確化（specification）的教導。在夢裡，心智可自由地玩事件及其形成。不過，那些事件的實現需要某些實際環境。在遊戲裡，兒童嘗試著夢中發起的事件，而拿實際條件來「判斷」它。以這樣一種方式，兒童戲耍著可能性，並將他的肉體結構帶到與某個適當可能性相合的情形。基本上，在夢中，頭腦不受限於實質上遭遇的經驗。

（九點五十八分。）兒童可以在心理上形成無數個事件，而意識可扮演無限量的角色。兒童可以很容易地夢到他是自己的母親或父親、姐妹或兄弟、家裡的狗、一隻蒼蠅、一個士兵。在醒時的遊戲裡，兒童於是將試演那些角色，而很快地發現它們不適合實質的條件。

在一個兒童看見山之前，他能夢見山。對地球環境的知識，是天賦留給你們的一個無意識部分。你們擁有一個無意識的環境、與此物質世界相調和的特定心理世界，而你的學習在它之內主觀地發生，就如你客觀地學習外在的操縱一樣。

想像力與事件的形成非常有關。兒童的想像力使他們不至於太受父母世界的限制。醒來或做夢，兒童都「假裝」。在他們的假裝裡，以一種特別有利的方式練習意識。雖然他們為自己接受某一實相，但仍然保有去實驗其他「次要」生存情況的權利。到某程度，他們變成了自己假扮的東西，而在其中也增加自己的知識與經驗。例如，不受干擾時，兒童藉著假裝是動物而學會如何對付動物。透過體驗動物的反應，他們會了解自己如何反應。

尤其是在遊戲中，兒童試穿任何可想像的情況，看看合不合適。在夢境，成人與兒童一樣，都做同樣的事，而許多夢的確都是一種遊戲。頭腦本身從來不滿足於一件事的單一版本，總是十分即興地像遊戲一樣，要用想像力去把其他的說法形成一個活動。頭腦練習形成事件就如肌肉練習動作一樣。

頭腦尋求事件最豐富的形成。我是特指頭腦，與心智分開而說，以強調這些能力是屬於生物性的這一點。頭腦的天才乃由心智而來，可以被稱為心智之生物物理上的（biophysical）副本。

你們休息一會兒。

（十點十五分到十點三十一分。）

你有與肉體感官大致相應的內在感官。不過，這些不必被訓練去朝向一個特定的時空取向。

當兒童做夢時，他們如成人一樣地利用內在感官，而後透過做夢，學會把這種資料轉譯為外在感官的精確架構。兒童的遊戲永遠「在當下」——遊戲是立即被體驗的，雖然其中的事件可能涉及未來或過去。「從前有個時候」這句子是極具感召性的，即使對成人也是，因為兒童以一種成人已遺忘的方式與時間遊戲。如果你要感覺心靈的動作，也許最簡單的是想像一個情況，或在過去或在未來，因為這自動地以一種新方式移動你精神性的感官知覺（sense-perception）。

兒童在進入世界之前，就試著想像世界是什麼樣子。你也做同樣的事。你跟隨這些方向的方式可以具有啟發性，因為你選擇的活動範圍，將告訴你有關自己意識某些獨特的特質。成人的遊戲大半是處理在空間裡的操縱，同時再次地，兒童的遊戲則常涉及時間的變化。現在你看一個自然物，比如一棵樹，如果目前是春天，那就想像你在秋天看到它。

在其他這種練習裡，改變你的時間取向。這將自動地容許你掙脫一個太狹窄的焦點。這到某程度將打破你的感知和現實的死板連結，如你曾學會如何去感知現實的樣子。舉例來說，兒童能如此栩栩如生地玩，以致能想像自己在沙漠的驕陽下被烤焦了——儘管他們是在最涼快的空調起居室裡。他們一方面完全投入活動，另一方面卻相當覺知「正常的」環境。然而，成人常常害怕任何這種嬉戲的、非正式的意識改變會是危險的，而擔心想像的情況將壓過真實的情況。

（十點四十九分。）透過訓練，許多成人被教導想像力本身是可疑的，這種態度不止強烈地阻礙任何藝術創造力，而且也阻礙了處理實質事件本質本身所必需的想像創造力。

人類創造性的警覺，在時間與空間裡精確的感官焦點，與對事件快速反應的能力，當然全是極為重要的特性。人的想像力容許他發展工具的運用，而使他的發明力得以誕生。那想像力容許他現在去計畫未來可能發生的事。

這意味著到某個程度，想像力必須在感官的精確取向之外運作。因此，想像力在夢境最自由地被運用。基本上說，想像力不能與現實綁在一起，因為那樣的話，人就只有實質的回饋。如果那是全部，那麼就不會有發明。在實質環境裡的資料之外，永遠有額外的資料可得。

這些額外的資料是頭腦活躍遊戲的結果。當頭腦運用時空結構之外的內在感官，來實驗事件之形成時，就會得到這些資料。

穿上另一個時間。在睡前，看你自己活在一個過去或未來的世紀裡——或只簡單地假裝你早生或晚生了十年或二十年。遊戲性地做，這種練習將容許你對與時間脈絡分開的、你自己的內在存在，有很好的主觀感受。

（十一點四分。現在賽斯離開書的口述而討論我們的問題，是關於我們為數極多的信件。然後在十點二十分到十一點三十分，我們休息一會兒。）

要鼓勵創造力，把你的想像力用在破除你通常的時空焦點上。當你快睡著時，想像你在同一個地方，就在同一位置，卻是在遙遠的過去或未來的某一刻。你看到或聽到什麼？那兒有什麼？

另一個練習是，想像你完全在世界的另一部分，但卻在目前這個時刻，而問自己同樣的問題。為了變化起見，以你的心眼追隨自己前一天的活動；或把自己擱在一週之後。指揮你自己這些練習的變奏。它們將教你什麼，是無法解釋的，因為它們將提供一個經驗的次元、一個對你自己的感覺，那可能只有你懂得。

通常你是在公認的實相脈絡裡感知你的存在，這些練習將教你找到對自己的感受，那是與公認的實相脈絡分開的。更有進者，你將更能應付目前的事件，因為你練習過的想像力將帶給你越來越可貴的資料。

一開始不要只用你的想像力去解決目前的困難，因為再次的，你將把創造力繫之於想像力上。而由於你相信什麼是實際的信念，乃阻礙了問題的解決。

用遊戲的心來做，這些練習將引動其他的創造性事件。這些將涉及某些內在感官的利用——雖然這些內在感官不會給你客觀性的感受。你將更了解日常生活的情況，因為你會啟動內在的能力，使你像兒童那樣主觀地感知別人的實相。

有個內在的竅門，容許你比現在對別人的感覺有更大的感受性。那竅門將被啟用。再次的，頭腦的能力來自心智，因此，雖然你學著集中意識在身體裡——而且必須如此——但你的內在感知卻漫遊於遠為廣大的範圍。那麼，在睡前，想像你的意識順著一條路旅行，或橫越世界——隨你怎麼樣。忘掉你的身體，但別為這練習試著離開它。告訴自己你在想像地旅行。

如果你選了一個熟悉的目的地，那就想像你可能路過的房子。不過，有時候選一個不熟的地點比較容易，因為那樣你一邊做時就不會想去考驗自己，猜測想像的景致是否合於你的記憶。

到某程度，你的意識的確是在旅行。再次，遊戲的態度是最好的。如果你保持這個態度，並且記住兒童的遊戲，那麼這事件會是全然令人愉快的；即使你經驗到似乎嚇人的事，也會認出它們是與兒童的遊戲同屬一類的。

兒童常常驚嚇自己，這種行為有好些理由。人們常為了同樣的道理選擇看恐怖片。通常是身心俱感厭倦，而真正在尋求戲劇性的張力。在通常的情況之下，經由釋放出因壓抑性的習慣而曾被抑制的荷爾蒙，身體恢復了——可以說，沖乾淨了。

身體要求釋放，心智亦然。一個嚇人的夢甚或白日夢都能達到那個目的。心智的創造性遊戲，常提供象徵的事件，引致治療性的肉體反應，而也作為夢後的建議，那對補救行動常提出暗示。

我在此提及這個，只為指出，在某些夢與某些兒童遊戲之間的相似處，而顯示所有的夢與所有的遊戲都是與事件創造和經驗密切相關的。

而（大聲地）這一節的「事件」已結束。你有問題要問嗎？

（十二點一分。我在別的事上有兩、三個問題，賽斯針對它們給了半頁的資料後，在十二點十二分道晚安。）

第七九四節　一九七七年二月二十一日　星期一　晚上九點三十一分

（上週初，一位朋友寄給我一份他太太的「雙重夢」（double dream）副本。雙重夢就是覺知到自己同時正在經驗兩個夢，或一個夢在另一個夢裡。而後上週五晚間當珍和我在討論此事時，我說雙重夢可能是腦的兩半球各有自己的夢；而那兩個夢再試著一同混合成平常的意識。

（我又說，每個夢都具有所屬那半邊腦的特性，如我們以目前知識來看的那些機能。左半球，因較富分析性與知性，會有具體表現那些品質的夢；較富創造性的右半球，含有涉及象徵、藝術與情感的夢。

（我的概念即興地出現。我進一步說，雖然頭腦的兩半球是分開的，不過在腦幹（brain stem）處由胼胝體（corpus callosum）連在一起，因而在它們之間有種種的交流。以同樣的方式，在雙重夢裡的兩個夢之間會有關聯。

（稍後，珍建議我在課中請賽斯對此加以評論。當然，雙重夢還會有一些其他的理由。我在《未知的實相》卷一中曾談到一些。）

晚安。

（「賽斯晚安。」）

現在：導向你們的問題。首先，你們的記憶、感覺和情感雖然與身體相連，而且留下痕跡，卻是與之分開的。

就好像是你生活的經驗被捕捉在一個影片上。在這情形中，這影片就是身體的組織、頭腦的組織。可是，經驗本身則獨立存在於影片之外，而那影片無論如何並不能捉住它們的全貌。

以一種說法，你頭腦的活動，使你身為一個有肉體的生物，能調整感知生活事件的速度。理論上說，那些事件可以慢下來，或以一種更快的步調放映。再次地，以一種說法，那聲音、畫面、空間的統一性（dimensional solidarity）等，是「配進去的」。那影片多少以同樣的速度放映。身體的感官一同加入，以給你一個戲劇性的官能合唱，每個「聲音」與所有其他感官模式維持完美的合拍，因此通常有和諧與連續感，沒有令人窘困的中斷。

這同樣適用於你的思想，如果有耐心去傾聽它，會發現你的思想似乎一個接一個平滑地來到，且多少隨著外在活動的順序。頭腦像銀幕一樣，對那些本身從未實質出現的內在活動，給你一個實質的畫面，並配以身歷聲（幽默地）。

（九點四十四分。）你的頭腦給你一個方便且十分必要的參考系統，以便指揮肉體的生活。頭腦把那些可能以許多其他方式用別種組織來體驗的事件，為你以它們「適當的」順序擺在一起。當然，頭腦和身體的其他部分，對著你們的星球調準，把你與無數的時間順序——分子的、細胞的等等——連接起來，因此它們與世界的事件同步進行。

頭腦組織活動並轉譯事件，但並不創始它們。事件有個電磁實相，它於是被投射到頭腦上以備實質地啟動。你們的儀器只能接收到某些層次的腦活動，它們完全不能感知心智的活動——只除了當它被印在頭腦上時。

每個夢就是這樣印上的。舉例而言，當腦的一部分或半個被啟動時，另一半的相關部分也會被啟動，這都是發生在科學家無法感知的層面。稱一邊或另一邊的腦為主宰是可笑的，因為整個俗世經驗飽滿的豐富性需要用到兩個半腦，你的夢也是一樣。

不過做夢時，通常由頭腦投射而藉身體行動加強的完整感官圖片（sense-picture）是不必要的。那些夢經驗在早晨的回顧或回想時，常像是接不了頭或焦點模糊，只因它們以平常醒時的頭腦無法處理的一種複雜性發生。

身體顯然必須在你們公認的現在反應，因此頭腦俐落地以間隔的神經反應，來保持實質的時間順序。整個物質實相就是依賴著配以時間的感官資料，這是同步進行的（synchronized），以給身體一個機會做精確的行動。在夢裡，感官沒有如此的限制。過去、現在與未來的事件，都能安全地被經驗，即使從你們一般觀點來看，所謂的可能事件也能被經驗。再次地，因為身體不需要對它們採取行動。

由於頭腦必要的明確化，大部分你自己更大的實相不能透過它的贊助出現。頭腦可能視這種課外活動為它不能理解的背景噪音或嘈雜。那麼，是心智——頭腦非實質的副本——決定哪種資料會發動頭腦。所謂頭腦的古老部分（羅註：在它們之中有腦幹——邊緣系統〔limbic system〕）包含「心智的記憶」。一般而言，這意指重要的資料，不過，卻不需賦予它有意識的注意。

並不可能賦予，因為那資料所處理的時間尺度，是更「成熟」的頭腦部分不再能處理的。

（十點十分。）對身體本身「生物上的可能性」知識，在古老的層面發生，而在那些層面有活動，結果造成所有物類之間的細胞通訊。頭腦具備固有的可驚適應力，因此天賦地，一部分能代替任何另一部分，而做它的活動，同時也做自己的。不過，相信什麼是可能的與什麼是不可能的，常常使那設備遲鈍。雖然神經的連接是明確的，雖然基本上習得的生物行為是主宰，但頭腦的各部分卻天生地可以互換，因為它們是由心智行動來指揮的。

這極難解釋，但能過完全有意識生活的能力，是天賦在身體每一部分的。事實上，若非如此，身體平順的同時同步性便不可能。頭腦具備你們沒去有意識利用的能力，因為你們的信念阻止你們去發動這適當的神經習慣（neural habit）。腦的某些部分似乎為主宰，只因在任一特定文明或時代裡，所採取的那些神經習慣。但在你們過去的其他文化，曾經驗十分不同的實相，那是由於鼓勵不同的神經模式，而透過其他焦點來組合經驗的結果。

例如，夢能被遠為清晰地「帶進焦點」，因此至少能有意識地利用部分那些經驗。當這情形發生時，你們是有意識地利用到實質與邏輯上都是「課外活動」的經驗。

你們把不像醒時事件那樣登記在頭腦上的事件（強調地）痕跡，帶入意識裡。夢的事件部分地錄在頭腦上，但頭腦把這種經驗與醒時事件分開。以某種說法，夢能供給你至少是未在時間裡遭逢的經驗。夢是被頭腦的時間順序記錄下來的，但在夢本身裡面，有一段「沒有時間性的」時間。

理論上說，某些夢能提供你可汲取的一生經驗，雖然夢本身可能只用了少於一小時的你們時間。在一方面，夢是你正常意識的無形厚度（invisible thickness），涉及了頭腦的兩半。許多夢的確以一種鬼魅的方式啟動了腦，激起以正常而言實際上不合時宜的反應；即它們不要求直接的行動，卻作為行動的預告，提醒頭腦在它的未來去發動某種行動。

（十點三十三分。）夢是如此的多層次，若要完滿的討論，需要一個幾乎不可能的語言方面專門知識。因為夢雖不需整個身體上的行動，頭腦雖不能記錄整個夢，但是夢的確用來啟動生物性的行動——例如，藉由它釋出荷爾蒙。

也有我稱之為「身體夢」（body dream）的。沒有任何層次的意識是完滿地彰顯在物質裡的。在身體的所有部分之間，永遠有經常的溝通。但當意識心被轉了向，那種活動常常增加，細胞意識在自己的層面於是形成了一個身體夢。這些不涉及圖像或文字，而是像電磁意向（electromagnetic intent）的形成，預期要採取行動，這些然後用作治療性的夢之發動者，在其中，「較高」層次的意識在心理上被示知某種情況。

不過，許多問題是透過身體夢被預告的，而病情只在那個層面上清除了。

你們休息一會兒。

（十點四十二分到十一點十分。）

現在：雖然意識喜歡它的物質取向，同時卻也太富創造性而無法限制其活動於一個方向。夢提供意識自己的創造性遊戲，因此，當意識不必如此實際或「現世」時，容許它更自由地使用天賦的特性。

許多人覺知到雙重或三重夢，當時他們似乎有兩個或三個同時的夢。通常在醒來的一剎那，這些夢突然擠縮成那個主要的夢，而其他的則採取了附屬地位，雖然做夢者確知在片刻前，那些夢在強度上是同等的。這種夢是意識偉大創造力的代表，暗示它能在同一時刻進行不止是單線經驗且不致迷失的能力。

一般而言，在實質的醒時生活裡，你必須做一件事或另一件事。顯然我是簡化地說，因你可以吃橘子、看電視、抓腳丫、罵狗——多少在同一個時候。不過，你無法同時在波士頓和舊金山，或同時是二十一歲和十一歲。

在雙重和三重夢裡，意識顯示其透明、同時的本質，同時可以遭遇幾條不同線的夢經驗，每個本身都是完整的。但當做夢者醒來面對現實時，那經驗無法在神經上被轉譯；因此一個夢常占主要的位置，而其他的夢倒像是鬼影。

這種夢有太多種變化，此處無法一一盡言，但它們全涉及意識分散（consciousness dispersing），卻維持其身分（本體），意識以其自身繞圈子。這種夢涉及你所不熟悉的順序，暗示了意識真實的次元（true dimension），那是你通常無法得到的，因為你實際上以同樣態度，形成自己的歷史世界，也就是一個世界在所有其他經驗之上為主宰，而在你頭腦的銀幕上放映。

就拿一個非常簡單的例子來說，好比吃橘子，遊戲性地想像那事件是如何被你的身體細胞所詮釋。橘子如何被感知？它也許直接被你的指尖感覺到，但你的腳細胞是否覺知它？你的膝蓋細胞知不知道你在吃橘子？

用所有你想用的時間去做這個。然後探索自己對橘子有意識的感官知覺。專注於它的味、觸、嗅、形。再次，遊戲地做，慢慢來。然後讓你自己的聯想在心中流轉。橘子使你想起什麼？你什麼時候頭一次看到或嚐過它？你有沒有看過橘子生長或開花？它的顏色使你想起什麼？

然後假裝你有個以橘子形象開始的夢。在你心中跟隨那夢。下一步，假裝你從那夢醒來而發現另一個夢同時在發生，而迅速地問你自己那個夢是什麼。順著我給的順序做，這練習將容許你以自己的意識轉圈圈，可以說，抓住它的「來來與去去」。而最後的問題——你另外在夢著什麼——應帶入你心中一串全新的形象與思想，那的確是當你在做關於橘子的白日夢同時發生的。

這些練習的感覺與演練是它們的重點——對一個創造性意識的操縱。你存在於現有脈絡之外。但實際地說，這種聲明是無意義的，除非你給自己一些自由，去經驗在那死板架構之外的事件。這些經驗會改變你一般的組織，因而容許你以一種較新鮮的方式去接觸經驗。

雙重夢就像某些有兩個家——各自在不同的城市裡——的人所過的雙重生活，他似乎操縱分開的一串事件，那是其他人會覺得極混淆的。如果身體只能跟隨某些順序，那麼，意識仍有行動的內在深度，那是不顯示在經驗的表面路線上的。雙重夢即這種行動的線索。

雖然每個人通常循著特定的一束意識（strand of consciousness），而認同它為「我自己」，但是，在表面之下還有其他的代替線。它們也是十分合法的同一本體，但沒有受到貫注，因為身體必須有一個清楚、直接的行動模式。

（十一點四十一分。）這些意識束像是持續的雙重夢。它們也用來作為被認可的自己的一個架構。在緊張或受挑戰的時期，被認可的自己也許會感受到這些其他的意識束，而悟到一個更完全的經驗、更大的心理厚度是可能的。那麼，在夢境的某些場合，被認可的自己能擴大它的感知力到可利用自己本體的這些其他部分，有時雙重或三重夢可以代表這種遭遇。意識永遠尋求最豐富、最有創造力的形式，同時卻一直維持自己的完整。想像、遊戲、藝術和做夢，藉著提供在物理環境本身之外收到的回饋，容許意識去豐富它的活動。

此節是為了本書的口述——同時回答你的問題，而且（幽默地）這是雙重課的一個例子。現在如果你沒有問題——

（「沒有……」）

——我祝你一個雙重的晚安，並且希望你有些精采的雙重夢。

（「賽斯，謝謝你，我也一樣，晚安。」

（十一點四十九分。顯而易見的，這節是個絕佳的例子，顯示賽斯常把我們的問題與關注繞進書的口述，而他的回答也表達得恰恰適合他心裡更大的架構。縱使我們的個人生活有時的確影響賽斯傳送資料的方式，他仍相當涵蓋了他想談的話題。）

第七九五節　一九七七年二月二十八日　星期一　晚上九點三十三分

（珍和我正在重看《未知的實相》卷一原稿，在編輯們完工以後，Prentice-

Hall為此目的把它寄還給我們。很少人知道在書的本文寫好之後，出版所涉及的許多階段。例如，再晚一些，《未知的實相》校正稿——以實際版面編排好的——也將送給我們來做詳細的校對。

（而有一天，這一節——的確，《心靈的本質》本身——也將經歷同樣的過程。）

好，晚安。

（「賽斯晚安。」）

口述：在遊戲中，兒童常想像地互換性別。年輕的自己在身分認同上比較自由，尚未被教育完全按照性別來認同自己的個性。

在兒童的夢裡，這同樣的活動繼續著，因此，男孩也許有很多作為女孩的夢經驗，反之亦然。不過，除開這個，在兒童的夢裡就如在他們的遊戲裡一樣，年齡變化也是很常見的。例如，小孩子夢到自己未來的「對等人物」，而獲得一種對未來世界的心理投射（projection）。成人檢查許多他們自己的夢，因此性別取向的許多改變常不被記憶。

那麼就玩玩另一個遊戲，假裝你是相反的性別。當你碰到一件涉及傳統性別觀念的事之後，做這個遊戲。問問自己，如果你的性別不同，你目前的信念有多少會不一樣？如果你是為人父母，想像你是你的配偶，在那角色中想像地去看你的孩子。

你對夢的信念會渲染你的記憶，以及你對它們的詮釋，因此在醒轉的那一點，懷著卓越的心理上的欺騙，你們常做後一分鐘的調整，以使你的夢與有意識的期望更加一致。例如，常出之以夢意象的性象徵是過分簡化的，它們使你以一個特定方式詮釋你的夢。

（九點四十五分。）等我們一會兒……作為一種族類，你們的確有個「夢的記憶」，帶著某些自然的象徵。這些是個人地經驗到的，而有著很大的變數。可是，對男性和女性做夢者所做的研究已有偏見，在調查者和做夢者本身都有。一般而言，男人記得「男子氣的」夢，而以同樣方式，女人記得她們認為符合自己性別的夢。

人們常以同樣方式規畫醒時的記憶，再次的，心靈不但沒有跟一個性別認同，而且它是較大心靈與心理潛力的倉庫，性別的所有等級層次都從中露出。心靈不是無性的，卻被認為是男性和女性的那些最豐富成分的組合。

人類個性因而在性與心理上，被賦予一種不受嚴格性別取向所限的自由。藉由不把人類任何精神或心理能力分隔成兩個相反的集團，這對人類的存活有所貢獻。除了生殖的實質過程外，這族類可自由地以它選擇的任何方式安排心理的特性。沒有另有主張的內在規畫。

在夢裡，這心理的複雜性更見明顯。因為外在規畫之故，許多人不敢有一種最無害的自然反應，這些常在夢境得到表達。然而，那些夢正是最不被記得的——檢查已成了習慣。男人攻擊性的傾向，常常被視為族類本身的基本特性，正是這樣的例子。這是一個誇大、習得的攻擊性的反應，在你們族類來說並不是自然的，在任何其他族類身上也不是自然的。

基本上，這種造作的攻擊性也與生存的奮鬥無關，它是男性被教以否認存在於他自己之內某些基本情感的直接結果。這意指他否認自己人性的某些部分，然後被迫對那些他被允許擁有的情感表現過度反應。在我的作品裡，不同的時候，曾討論過這種焦點偏向一邊的理由。不過，男人選擇了負起一種意識的專門化，做得過了頭，而導致生硬的過度客觀（over objectivity）。在你們的時代和社會，只有在夢裡，男人才有自由不害羞地哭或承認任何依賴性，而只在某些場合，並且通常在相當程度的私下裡，他才被容許表達愛的感覺。

他的憤怒外轉成為攻擊性。不過，把那假造的攻擊性普遍向外投射到動物王國，是非常愚昧的。這種信念無形地影響所有你們的研究——更糟的是，它們使你誤解了自然本身之內的活動。

那些想像他們以最客觀眼光看自然的人，就是那些主觀信念最令他們盲目的人——因為無法看透自己的誤解。曾有人說過，統計數字可以被用來同時說服彼此衝突的兩件事；因此透過頭腦的信念，心智的組織能力組合起自然的事實，而能以全然不同的方式來解讀它們。夢的外核也到那程度被沾染，但夢的內核提供資料經常更新的流入、回饋，以及由心靈來的洞見，因此人才不止靠他外在的經驗——不止被環境的回饋所限制，而也一直被提供新鮮的直覺資料和方向。

這種夢沒被憶起，它們也循環過心理的系統，促成了人類的發明力和創造力，甚至帶來新的理解力，那在涉及實質世界時可以用到。

你們休息一下。

（十點十七分到十點三十九分。）

現在：我再說一次，以你們的話來說，人類有一個肉體的過去，因此也有一個心理的過去。經驗從不會失落。最私密的事件也仍寫在人類的群體心靈上。

眼前我用過去、現在和未來的說法來解釋這個，因為有些概念在以那方式表達時，你才有可能了解。那麼，把那視為理所當然，每個人生來就對以前曾發生的事具備有意識的知識。你們的頭腦永遠不是一塊空白石板，等著經驗的第一個印記；它已備有完全的「方程式」，告訴你你是誰、你從何處來。象徵地說，在你將一生寫在石板上之前，也沒把它擦抹淨盡。反之，你從以往的事——祖先們的經驗——裡汲取，回溯——以你們的話來說——到不可記憶的時代。

一個人生而具有他的人性，帶著某些習性，而傾向於發展。他知道人類的嗓音是像什麼樣子——即使在他耳朵聽到那些聲音之前。他生下來就想要形成文明，舉例來說，就如海狸要造水壩一樣。

兒童的夢啟動了內在的心理機制，而就在那個時候，當年紀使他們不可能得到世界的大範圍實質知識時，在夢裡，他們被給以有關那環境的資料。

肉體上的回饋對發展當然是必要的，被剝奪了它的孩子將無法完全成熟。然而夢的發展循著內在模式，啟動了孩子的生長，刺激了他的發展。嬰兒期甚至有像鑰匙般的夢，來開啟必要的荷爾蒙機能。孩子在夢裡爬和走，在那些動作還沒實質地做到之前——夢作為肌肉合作和發展的一個原動力。

嬰兒在夢境練習語言，的確是由這精神性的練習，導致孩子快得多地開始講話成句，若非如此簡直就不可能那麼快。那麼，夢的世界比肉體經驗發展得快些。有一段時候，孩子在那兒比較安全。沒有做夢就沒有學習，也就沒有記憶。

事件是在夢裡被處理，放在必要的視角，被分類和安排；這是當有意識的心智脫離了對實質事件直接涉入時做的。夢用來使剛過去的當日事件之衝擊力變鈍，讓那些活動的意義篩過人格的各種層面，而在意圖與信念的分格裡各就其位。常常一件事的真正衝擊並沒發生，直到它被詮釋或透過夢而重新經歷時。

因為夢循著聯想之路，它們突破了時間的障礙，容許個人將生命不同時段的事件混合、配對和比較。所有這些多少是以兒童遊戲的方式去做的。透過創造性的夢戲劇之形成，在其中，個人從「一個遊戲」的立足點，可自由地去演百萬個不同的角色，去檢查可能事件的本質。

（十一點五分。）在遊戲裡，兒童「暫時」採取某些規則和條件，可在任何時候停下來。數不清的遊戲事件能以各種不同的強度發生，然而一般而言，當遊戲結束時，其結果也沒有了。兒童扮演成人，而當父母叫他時，他又是個孩子，因此遊戲的效力不是長期的。但它們仍然是一個孩子正常生活的重要部分，影響他與別人交流的方式。因此在夢中的事件，只在做夢時才有效力，它們並不實際地侵入醒時時間——當你睜開眼時，正在攻擊你的熊就消失了，牠不會實質地繞著臥室追逐你。

人類對事件反應的偉大多樣性，極為依賴這種做夢的能力。在夢中，人類嘗試對可能事件的可能反應，因而能對「未來的」行動有較周全的準備。

到某個程度，夢也被細胞意識所參與，因為細胞對個人心靈或身體事件，也有同等的興趣。在某方面，夢當然是組合的行為（composite behavior）——精神與心靈的遊戲，適合心智與身體兩者的目的。然而，從物理環境來的回饋，也可發動一個警告夢，使得那人醒來。

某些化學物質藉由改變細胞的實相，可影響做夢。許多安眠藥是有害的，在於它們抑制了睡眠中身體對環境的自然反應，並僵化做夢的心智與睡著的身體之間的親密關係。

因為你們對邏輯的概念非常狹隘，在你看來，好像做夢的自己是不會判斷的，或不「邏輯的」。然而，它卻以驚人的辨識力工作，篩檢資料，把一些送到身體的某部分，並構成記憶。安眠藥也阻礙了夢的判斷機能，那是經常被忽略的。事實是，夢涉及了高度的創造行為。這些不僅是直覺地建立的，還是以遠超過你對邏輯概念的邏輯形成的。然後這些創造行為透過聯想過程彼此拼合，極精確地連結在一起，以形成夢的事件。

你們休息一會兒。

（十一點二十五分到十一點三十二分。）

夢並非消極的事件，其理甚明。有一些在其強度甚至效力上，可以敵得過實質事件。它們涉及了心和身十分積極的協調，帶給個人不如此則得不到的經驗。

在你已有睡意時，上床前取用少量的普通興奮劑，像咖啡或茶，在刺激夢活動和輔助夢的回想上會產生有利的效果。當然喝得太多只會令你醒過來，但如果在你已睏了時取用少量，將容許你更容易把意識心帶入夢境，它在那兒可當個觀察員。

非常少量的酒精也有用。任何抑制活動的東西也將抑制你的夢。眾所周知，任何人被剝奪了足夠的做夢，極有可能開始在醒時產生幻相，因為已積了太多的經驗需要處理。有許多次要的荷爾蒙活動只在夢境——而不在任何其他時間——發生。甚至細胞成長和重獲活力，也在身體睡眠時加速。

口述結束。給我一點時間……

（十一點四十四分。在給珍和我一頁的資料後，賽斯在十一點五十六分結束此節。）

Chapter 11 宇宙與心靈

第七九六節　一九七七年三月七日　星期一　晚上九點五十二分

（本節的第一部分傳過來，是因為珍昨晚所做而今天她自己加以詮釋的一個夢。雖然這不是書的口述，我們仍在此展示賽斯對那個夢的一些評論，因這段話有普遍的意義，並且也適合他早先的夢資料。

（此節其他部分，是對珍和我在課前對進化所作討論的反應。這是因我在為《未知的實相》卷二寫的附註所起，我也許會在那個註上引用賽斯一部分的資料。

（我們沒有期盼賽斯在今晚的課程談論這兩個題目，因為我們並未請他加以考慮。賽斯的表白清楚地說明了珍的夢和我們對進化的問題。首先他談及珍的夢，然後繼續如下：）

深深的情感恐懼，只體現一次或兩次常常是不夠的——事實上，很少足夠。它們多少必須被直接面對，不然舊習慣會讓這種恐懼再次被埋葬。

因此魯柏的夢，使得恐懼得以產生有意識的情感體現——但更重要的，它提供了那恐懼的釋出，或對一個深沉的情感方程式給出了解答。在這件事上，情感體現是，生命並非由父母所給，而是透過父母——由**生命**本身，或「一切萬有」所給，而且「沒有附帶條件」。

夢的第二部分，也就是解答，以前未曾在有意識的層面與情感的層面上為魯柏所知。知性上他有那個解答，但它沒變成這情感方程式的一部分，直到這個夢把兩者放在一起。你無法以邏輯或數學運算來解釋這種情感實相。

例如，有些時候長期疾病真的突然透過一個夢而得以解決。不過，在大部分的情形裡，夢預防了這種慢性病，藉著小型治療，提供經常的、一連串的、微小卻重要的個人啟示。

那就是說，夢是最好的預防醫學。有些心理困難需要清楚、有意識的智慧與了解。可是，其他甚至沒有意識的參與也在運作，而在同樣層面，那些困難常常得以解決或補救，且未干擾到有意識的心智。就像身體處理許多實質的操縱，但你並未有意識地知道它做了什麼，或如何做的。因此，你自己的心理系統作用常透過你未覺知的夢，自動地解決「它們自己的問題」。

你無法實質地處理任何像「夢的完全追憶」這種事。（小笑一聲：）你不能有意識地處理那活動所顯露的心理深度和豐富。其中一個原因是，實際地說，你對時間的概念，如夢裡所用的，在正常生活裡將變得更難維持。這並不是指追憶遠為多的夢對你無益——它的確是有益的，我只是想解釋為何有這麼多的夢沒被憶起。

不過，雖然大部分的夢仍是相當地隱晦，一般人常常就在正常意識的門檻之下，與夢的片段碰面——沒有認出它們是什麼——卻經驗到在某一日去做這或那、吃這個或那個，或不去做另外的什麼衝動。顯而易見的例子是，一個人沒有（曾做過這樣一個夢的）回憶，而決定取消某日的飛機旅行，而於後來發現那飛機失事了。取消旅行的衝動，也許有或沒有一個可接受、理性的解釋；那就是說，不為什麼理由，這個人可能只不過是衝動地感覺到一個預感。而另一方面，這衝動也許以一個正常邏輯的改變計畫顯示出來。

（十點十七分。）一個遺忘了的夢說出了可能的災禍，我們視為理所當然。這資料被無意識地處理了，其可能性被考慮而被拒斥：即心理或肉體上，這個人還沒準備去死。其他有同樣知識的人，覺得死亡是可接受的可能性；但並不表示這些人中任何人能忍受有意識地知道他們自己的決定——或能內心有意識的知道後果而上了飛機。

這樣一種內在的決定，也沒有強迫性地加諸有意識的個人身上，因為在所有這種例子裡，於不同的時候，有意識的個人，都曾與接受在人生特定時刻死亡的概念相當接近。

這並不指那些人採取自殺行為，像一個人取了自己的命一樣——而是在一種獨特的心理操縱裡，他們不再像以前一樣執著於生命。可以說，他們「把命丟給命運」，不像以前說的：「我要活著。」而是：「死生由命。」

當然，他們也許用別的字眼而非「命運」，但那重要的、個人的、直接的、肯定的生之意圖是不在那兒的。他們朝向另一個實相，且準備好了要上路。

可是，有意識的心智只能把握這麼多。以那種方式說，如果每件事都是有意識的，那如你所知的生命就不能存在。我曾告訴你們，肉體存在的甜蜜包裹，靠著它所不包括的你的經驗而存在，就與靠著它所包括的一樣多。在很重要的方面，藉著使心理生活自動規則化，你的夢使你的生活成為可能，就如你的實質身體也被你自動規則化一樣。藉著了解和回憶夢，並藉著有意識地更深入參與其中，你能有很大的進步。但你不能變得完全地覺知你全部的夢，而同時仍能維持你正常的實質姿態（physical stance）。

作為一個文明，你們沒能獲取夢的更大利益，而有意識的心智是能處理比你們所容許多得多的夢的回想。這種訓練會無限量地加深、加廣你們生活的幅度。夢甚至在空間關係上予你們教育，並且與這有機體在環境裡的姿態，也比你們所領悟的更為相關。孩子們在夢中學到空間關係。

現在請等我們一會兒……（帶著很多幽默：）對夢的問題是個好問題，而你們會發現我有個好答案。

（「是的。」）

魯柏必須知道他怕的是什麼，而他的夢註釋給他那知識，因此他能應付它。那即對死亡——當然，非出於選擇——的恐懼。他怕如果他不交貨、不努力工作，來報答神奇地、勉強地給予他生命的母親的話，那麼母親在一個神奇的方程式裡，就能取回這生命。但是這母親並沒給予生命。生命來自「一切萬有」，來自生命的精神本身，且是免費贈送的——不能由任何人拿走，或被任何人或任何力量威脅，直到那生命完成了自己的目的，而決定繼續旅行下去。

（作為賽斯，珍極有力地說出以上的話。）

魯柏的確感到，放鬆是不安全的，怕一放鬆就會死。生命即表現。生命由它自身的力量而得以存在，沒有力量與之對立或威脅到它。死亡在你們來說確實像是個結束，但反之它是生命轉譯到另一種形式。

這使我很自然地導入下一個論題（那關乎我們對進化的問題）。

首先，在對生命的定義上，有語文的困難。看來好像有生物（living matter）和無生物（non-living matter），以致導出這種問題：「無生物如何變成生物？」

（笑道：）你休息一下，暫時停在那兒。

（十點四十二分到十點五十三分。）並沒有你們所謂的無生物。只有一個點，你們認知它有歸屬為生命或生存狀態的特性——符合你們武斷地訂下「要求」的那一點。

可是，這使得這種討論極為困難，因為並沒有一個特定的點，在那兒生命被塞入無生物；沒有一個點，在那兒意識萌生。意識在最小的粒子裡，不管它的生活狀態看來是怎麼樣，即使它似乎缺乏那些你們所謂活著的狀態。

等我們一會兒……如果必須以連續性來說，那是令我遺憾的，那麼以那種方式，你可以說，生命在物質宇宙，在你們的行星，同時以一個特定數目的族類自發地「開始」。我很慢地說，以使這資料盡可能地清楚。

（十一點一分。珍對這資料傳送得非常慢。她停頓多次，有的很長。她的眼睛大部分時間都閉著。賽斯對生命的自發開始所說的話，令我驚奇……）

有完全發展了的人類——即是，具完全的智力、情感和意志——以你們的話來說，和那些假定是人進化上的祖先的生物，在同時活著。你們所不知的族類曾來了又去了。有平行的發展。那就是說，有「猿猴」獲致自己的「文明」，舉例而言，牠們用工具。牠們並非未來的人，也沒進化成為人類。

說牠們沒有發展，或說進展被阻是錯誤的，因為並非如此。牠們的實相以完全不同的方式，探索動物性的分支。牠們的發展在許多方面與人類的發展平行，牠們同時住在地球上，分享這環境。

我在不同的時候曾提到牠們，像動物巫醫（animal medicine men），因為人類確實從牠們那兒學習。許多我過去聲明的衝擊力沒被認識，或者那些話聽起來言不由衷，但有其他你們所不知的生命狀況，有時是因為你們的時間順序太不相同。以你們的話來說，在最小的細胞出現之前，已有形成那細胞的意識。

（停頓良久。）文字真的幾乎棄我而去，語意學上的不同是如此之大。如果我對你說：「生命來自一個夢。」這樣一個聲明聽來無意義。然而，因為你們個人的物質實相大半取決於你的做夢狀態，沒有它就不可能，因此同樣地，第一個細胞只因它自己內在的意識實相，而被實質地物質化和實現。

以那種話來說，是有一個點，在那兒意識將自己透過意圖印入物質，或將自己形成物質。那「突破」不能邏輯地解釋，而只能比喻為，例如一個光照（an illumination）——即以你們的話來說，一個同時在各處發生的光，變成生命的媒介。它與某種細胞的生殖屬性無干，而是全盤的光照，設下了一種情況，在其中，你們所想的生命乃成為可能——在那個想像的點，所有族類變成了潛在的。

沒有一個點，在那兒意識被引介，因為意識即第一個細胞從中出現的光照。那麼，那個光照是遍及各地，在各處都覺知它自己，並覺知由它的現身而形成的情況。以你們的話來說，每種族類對彼此的情況及全部的環境都知道。換言之，環境形成族類，而族類形成環境。

如我暗示的，曾有過各種各類的動物－人（animal-man）和人－動物（man-animal），你們的科學對他們毫無所知，而尋獲的一堆骨頭，就被認為是屬於既像人又像動物的一種生物。阿發——

（「阿富汗？」我問，因為珍在出神狀態難以說出那字。）

的確：此處阿富汗來到腦海中，是一個特別有利的環境。

你們自己這種有意識的心智是極佳且獨特的。不過，它使得你按照自己的特性和經驗去詮釋所有其他種類的生命。其他動物意識的複雜本質完全被你們忽略。而當你拿你們的技術、學習、邏輯思考、文化和藝術，與你所了解的動物經驗比較時，彷彿無疑地你們是較高超的，是「進化之花」——你們的存在勝過了其他種類生命。

你們對動物甚至植物之複雜的、逸樂的、感官的社會經驗關閉——無法感知那種不同類生物的情感與歸屬，那種與大地豐富而肉欲的認同，而自絕於一個生物取向的文化，那永遠是植物與動物生命的主要部分。你們也是它的一部分，但有意識的心智，以它自己的明確化，無法操縱那種知識。

（在十一點二十九分停頓。）也曾有人類——以你們的話來說——比你們更進化，以你們的話來說——因為你們對進化的概念非常謬誤。但他們在技術上超越你們——如果那是你們評斷的準繩的話。

在很多我本想說的例子裡，我都猶疑不定，因為太容易被誤解。但當你們問意識的目的是什麼時，認為當然一定有個目的——然而更大的真理和創造性必是：意識本身無法覺知自己所有的目的，卻是不斷地透過自己的彰顯而發現其本質。

為那些想要簡單答案的人，我承認這不是答案。我知道，有種英雄式的愛、知識、慈悲、創造性可以指派給「一切萬有」，那是在每個生物之內的。我知道意識的每個最小「粒子」永不能被分裂，且包含了創造和發展的無限能力——而每個都是天生便受福祐的。

有一個計畫和計畫者，但它是如此組合的，一個在內一個在外，以致不可能將它們分開。創造者也在其受造物內，而受造物本身也被賦予創造力。

如果你們對這題目有更多問題，在下一節可以問我。（大聲地：）口述結束。

（「賽斯，謝謝你。太好了。」

（好玩地：）那當然。

現在給你一個小註。你在去年冬天過得不錯，逃過了有時在一、二月影響你的病痛。恭喜。

（「謝謝你。」

（十一點四十分。我對賽斯的話感到驚訝，因為就我所能記憶的，我的精力似乎一向很「好」。後來我的確引用了賽斯在《未知的實相》卷二對進化與時間的部分資料，見附錄十二。）

第七九七節　一九七七年三月十四日　星期一　晚上九點三十二分

（今晨郵差送來珍的《保羅·塞尚的世界觀》校稿，此後她就一直忙著訂正，檢查拼字、標點、遺漏等。）

晚安。

（「賽斯晚安。」）

現在，繼續下去：當你們問起宇宙的創始問題時，所說的是一個*可見的*宇宙。在宇宙內每一個可想像的假設點內，都有意識。因此有「一個不可見的宇宙」，而可見或客觀的宇宙乃是從中跳出來的。

我並不想過分強調這資料的難以解釋，但這再怎麼強調也不為過。

等一會兒……你們的宇宙並非在某一點，也不是由任何一個起始的細胞露出來——卻是當不可見的宇宙內在脈動（inner pulsation）達到了某種強度，而自發地「孕育」了整個物質系統時，你們的宇宙同時在各處開始存在。

在這情形，首先，光出現了。同時ＥＥ（電磁能量）單位變得凸顯了，從不可見的宇宙侵入而定形。再次的，因為成見的心理力量，我必須繞過許多你們的觀念。在我的許多資料裡，已經明確地暗示我現在所說的，但那些暗示必定沒被你們注意。

（一點也不，至少從珍和我的觀點來說……）

例如，我曾說，宇宙的擴展，就如一個意念的擴展，因此可見的宇宙也以同樣方式跳進了存在。這整件事十分複雜，因為——再次如我曾暗示的——這世界在每一刻都重新跳入新的創造。不管對創造或世界的創造看法如何，你們被「這種能量從何而來」的問題卡住了，因為似乎那不可想像的能量多少在一個時候釋出了，而後這能量必得耗盡。

可是，那同樣的能量，仍然一再地給宇宙新生命。以那種說法，宇宙仍在被創造。EE單位，加在一個可能的物質場（physical field）上，它們之內包含了那種情形下所能出現各種物類的潛在知識。其結集「始於」不可見的宇宙，你們可以說，經過了不知多少世紀，EE單位才「開始」組合，形成物質的門類和各種物類；或者你們可說，這過程是即刻發生的。這要看你們相對的位置，但是物質宇宙是同時在各地播種、孕育的。另一方面，這仍在發生，沒有一個真正的「進入」點。

（九點五十三分。）等我們一會兒……你分辨意識和自己的版本，那即是你認作「對自我的意識」（consciousness of self）。當我說到原子和分子有意識時，我是指它們有一種對自己本體的意識。我不是說它們會愛會恨——以你們的話來說，但它們覺知到本身的分離（separateness），並覺知那種分離合作以形成其他組織的方式。

事實上，它們密切地覺知所有這種可能的合作性冒險，並生而具有價值完成（value fulfillment）的「驅策力」（drive）。那麼，每個已知物種是在可見宇宙的全盤孕育時，與生俱來地「在場」的。

舉例言之，如果宇宙是一幅畫，畫家並不是先畫黑暗，然後一個爆炸、一個細胞、細胞團結合在一起成一個簡單的有機物，然後那有機物繁衍成其他像它的東西，或循著阿米巴或草履蟲的模式而向上推演——反之他是以一片光、一個底色開始，在其中包括了所有世上的有機物，但還未畫出細節。然後在一個從畫本身出來的創造力裡，其顏色將變得越來越豐富，物種獲得它們的輪廓，風吹而大海湧起浪潮。

宇宙的動作和能量仍是由內而來的。我當然體悟到這難以說是個科學說法——

然而當「一切萬有」想到了一個物質宇宙的那一瞬間，它就被無形地創造了，被賦予創造性，而注定了要浮現。

因為宇宙每一個假設的、可想像的部分，都是有意識的，**「計畫者」**以最偉大的方式存在於計畫本身之內——恐怕基本上對你們而言，這是不可思議的。當然並沒有無形的宇宙物質化進入其中的「外面」，所有都的確是存在於一個精神的、心靈的或靈性的領域，這相當難以描寫。對你們來說，你們的宇宙似乎是客觀而真實的，但彷彿在某一個時候至少它並非如此，因此你們會問到它的創造及物類的進化。而我的答案，是以這問題通常被提出的用語來說的。

你們既然相信，並且經驗到時間的過去，那麼你們自然會生出這種問題，並且是這樣的問法。在那架構內，它們有道理。但當你們開始詰問時間的本質，那宇宙的「何時」就不是重點了。

任何人幾乎都會同意，我希望，宇宙是創造的最精采例子。不過，很少人會同意，藉著檢驗你自己的創造力，比藉儀器來檢驗世界，能使你對宇宙的本質了解得更多——這裡是極精妙的反諷（irony），因為你們「創造了」創造的儀器，縱使在同時你們常常提出學說，認為除了最機械的反應之外，人並不具任何的能力。

換言之，世界漸漸認識它自己，發現它自己，因為**計畫者**留有餘裕給神聖的驚奇，而這計畫沒有一處是預定的；在它之內也沒有任何地方與你們的「適者生存」理論相合。

這些是你們這邊創造性的扭曲，直接關係著意識的專門化，把你們隔絕於其他層面存在於物類和土地之間的較大會流之外。再次的，意識瀰漫全宇宙，並覺知所有的情況。在你們星球上的大自然之平衡絕非偶然，而是每個最微小意識經常不斷的、瞬間的計算結果，不論這些意識是形成一塊岩石、一個人、一隻動物或一棵植物的一部分。每個都無形地「把空間保持在一起」——不論它的位置何在。這是個合作性的冒險。你們自己的意識有它獨特的品質，因為像其他較長命的物類一樣，你們遠為死板地把你們的本體（身分）和形貌聯想在一起。他種的意識以最大的活動空間「跳進和跳出形貌」。例如，當一個動物為了食物殺死另一個時，存在著生物上的了解。在一種你們不知的刺激衝力下，被捕食者的意識離開了自己的身體。

此時我要非常小心，因為我在談動物間自然的相互作用，絕沒有意思去合理化人在許多情況下對動物的殘忍殺戮。

休息一下。

（十點三十五分。賽斯以下的資料，是因我在休息時所做的負面思考而發的。實際上，我對人類世界看起來的普遍混亂情形充滿了憤怒。在課前，我們看的兩個書評也有影響。其一是由一位腦科「研究人員」所寫的，我們認為他對人類的情況顯然了解得少得可驚。我幾乎是不自禁地覺得相當滑稽，這評論者本身曾寫過關於腦的書，而也被其他的書評者攻擊過。

（我確信珍已聽厭我過一陣子就重說一遍：在只比半世紀多一點的時間裡，人類至少有過三次的主要戰爭，然後再加上一些「小一點的」戰爭。我再說，既然在「實際的」世界，我們普遍地否認對所有像輪迴這種事的信念，或任何我認為是一種真正宗教性的姿態，我們把所有生命全放在「現在」活著的個人之內。那麼在這種情況下，把我們的年輕人送上戰場，奪去了他的這一生——這個無價、不可代換的屬性——似乎是可以想像的最壞罪行。我以同樣的心情說了更多，雖然同時我知道，自己是太過簡化了人類的狀況。

（在十點五十八分恢復。）

對你們所討論的一個公正而小心的回答。

當然，如你們所知的歷史與文化世界，看似唯一客觀的世界，帶著它已寫好的歷史、它的現在，以及希望會有的可能未來。

看起來，也似乎那未來必然建立於一個已知的族類或過去的世界上。當我談到可能性時，常常好像只是個比喻。在許多方面，去想可能「有不止一個地球」，或有許多個地球，每個地球相像得足以被認出來，然而在最重要的方面卻又有所不同，的確幾乎是駭人聽聞。

這個特定的房子存在著。然而你也許在任一天打開門，從你即身的立足點走進一個可能世界（probable world），卻對其不同渾然不覺。這一直在發生，我是指一直。

你們在可能性裡通過卻不自知。你真的看不見那過渡，雖然它們可能在你夢裡出現為一些線索。就如一顆鑽石有許多面，你們的實相在那方面來說也是一樣。

（對我：）自你出生，發生了一個你本可追隨的可能性，在其中，你們的戰爭沒有發生。還有一個可能性，在其中，第二次世界大戰以核子毀滅結束，而你也沒進入那個可能性。你選擇了「這個」可能的實相，是為了要問關於人的本質的某些問題——看見他處於創造與毀滅、知識與愚昧之間同等地猶豫不決；但在你眼中，是一個點，它包含了你們眼裡最令人敬畏的一種發展潛能，這同樣也適用於魯柏。

在某方面，人在可能性的這一點是個過渡物類（trans-species）。這是需要所有助力的一個時代和可能性，而你們的才能、能力和成見，使你倆特別適合這樣一種戲劇。同時，不要太過於執著那種世界情況，因為對你們自己的本質和世界的物理性質——四季等等——之貫注，容許你們復甦自己的精力，並且放你們自由去利用那如此必要的清澈眼光。

（我在休息時提到的一點——人類作為一種物種到底在做什麼，是很難看清楚的。）

你倆涉入這可能性，也正是要利用它作為一個創造性的刺激，使你們尋求某種了解。在個人和其世界之間，總有相互取予的關係。到某程度涉足於這可能性的每個人，都是為了他自己的理由而做此選擇。不過，這樣說了之後，我也要說，許多人當自己已學會了、也貢獻了之後，就離開這個可能性到另一個去了。

現在我祝你晚安，除非你有問題要問。我有句話。（對我：）你在抑制自己夢的回憶，因為你不想花時間去記起那些夢並加以詮釋。你知道這個以後，也許會想改變你的方式。

（現在賽斯透過來給珍和我一些其他資料，最後在十一點二十二分結束此節。）

第七九八節　一九七七年三月二十一日　星期一　晚上九點五十四分

晚安。

（「賽斯晚安。」）

現在：過去的兩節，多少是在談進化，可以包括在本書內，用作新的一章開頭。新的一章題目是：〈宇宙與心靈〉。

口述：當然，你的下一個問題很容易猜到，因你會想知道那「內在的」世界起源。我曾說外在世界乃是從它浮露出來的——而這裡必須與我們珍視的客觀性說再見，反之，進入一個精神領域，在其中可以明白矛盾並非錯誤；一個足夠大到在某層面上能包容矛盾的內在領域，因為在另一個層面上，它們看來完全不矛盾。

就現今的科學而言，自相矛盾必不可發生。如果一個假定「證實為正確」了，那它就不能被證實為錯誤——或者，當然，它根本就從沒正確過。

因此，以那種說法，宇宙若非有個「創造者」，就是根本沒有；或者它按「大爆炸」（Big-Bang）理論裡所陳述的進入存在，而它若非一直在擴展就是沒有。進化存在或不存在。通常而言，藉由排除了任何彷彿矛盾的事這個簡單過程，這種理論被證實為「真」，因而一般而言，你們的科學理論在自己架構內被視為極有效。

在那些架構之內，你們曾做了某些分類，那在現在看來十分明顯。普通常識支援它們，以致好像不可能想像實相是別種樣子。然而因它們的本質，這種分類結構了你們對實相的經驗本質到這樣一個程度，以致任何別的感知生活方式好像不僅不可靠，而且完全不可能。

如此，你們對種種物類的分類，在你們看來，彷彿是唯一合邏輯的對生物之區分方法。可是，事實恰好相反。那特定的整個區分方法導致這種問題，像：「哪種物種先來？哪種後來？各種不同物種又是如何出現的——其一從另一個出現？」那些問題更進而被你們的時間區分帶來，沒有那個，它們將會是無意義的。

你們的分類法在這種地方建立了外在的分界。這些可用作十分方便的參考點，但基本上，它們對那些你們稱為「其他物種」的各種生物基本經驗毫無影響。

只要留在這架構裡，你們的專門化就有用——雖然隨之必須與這種區分自動引起的一些問題奮鬥。也許你們難以體悟，這些分類是寫下的、言語上的分級，它並沒真的告訴你任何其他生物的確實經驗——而只是記下習慣、傾向及最外在天性的分別。

如果你們的目的是理解其他生物的感知是什麼，那麼你們在用的方法，再好也不過是短視的，再壞呢，它們就完全破壞了你們的目的。例如，不管你們從動物實驗或為科學目的之解剖得到什麼資料，不論結果看起來多麼有價值，這種方法的後果是如此地被扭曲，以致你們對生命的了解要少於以前。

（十點十七分。）我恐怕，對宇宙和物種起源的答案，存在於你們大半忽略了的領域——就在那些你們認為最不科學的領域，以及那些看似最不會產生實際結果的領域。

你們目前的方式只會帶給你合適、製造出來的結果和答案。它們既不能滿足知性也不能滿足靈魂。既然你們的宇宙是從一個內在宇宙跳出來的，既然那個內在宇宙瀰漫於你們自己存在的每個縫隙裡，你們必須從以前未曾找的地方去找——看入你們自己的心智和情感實相。你必須向所知的自然宇宙去找。你必須以直覺與創造本能去看你周遭的生物，不視牠們為有某種習慣的其他物種，不視牠們為地球的次等財產，應被解剖，而是宇宙、自然的一個活生生例子，處在經常不斷的存在與變化中。

你必須研究生活的品質，敢於追隨自己思想和情感的模式，而去馳騁那活動性，因為在那活動性之內，有宇宙和心靈起源的暗示。那麼，詩人對宇宙和自然的觀點是比科學家更科學的，因為他理解到更多的自然。

小孩子看到第一朵紫羅蘭，歡喜又敬畏地笑了，他比一位植物學家懂的深得多。植物學家早已忘記看到一朵紫羅蘭的經驗，雖然在他心智的頂端有世上所有花的名字和分類。資料並不必然是知識或理解。

思想躍入你的腦海，就如客觀宇宙泅入實相——那是說，以同樣的方式。圖解一句話，而那說出的話，告訴你不了多少，更無關於容許你說話的那些奇蹟式的身心演出——因此，同樣的，圖解世界上的物種，是與任何真正的了解不相干的。

你自個兒的主觀感覺，你每一刻的親密經驗——這些都擁有你感覺宇宙所擁有的同樣神祕性質。你們是會死亡的，在每一處都碰到那必死性的證明，其架構內，你的感覺與思想卻對你個人有一種實相，超越了所有這種分類。你知道身體會死亡，但是每個人卻都會祕密地確知他不會碰到這樣的命運，而生命多少是永恆的。

經由這種感覺，心靈突破了所有的誤解，而同時暗示出自己和宇宙的本質。

於是，在確實性的更大層面，宇宙無始亦無終。在那層面沒有矛盾，心靈也是無始亦無終。你也許會說：「姑且承認。」卻堅持道：「可是，以我們的話來說，世界何時開始，又以什麼方式？」想把這樣一個「開始」放在時間裡的企圖，就使得幾乎任何答案都扭曲了。

事實是，答案在你自己的經驗裡。它們在你自己的自發行為裡——那就是，在你身心的神奇活動裡——就暗示了。

你們休息一會兒。

（十點四十一分到十點五十八分。）

你走路走得很好，在你手頭不需要對其內在機制活動具備任何有意識的知識。也許有人告訴過你，或你讀過有關身體的解剖學，或其各部的相互作用；不論你有無這種資料，都能走得相當好。這種資料對你走路這回事沒有任何幫助。

就那方面而言，一個運動家也許對動作非常狂熱，而對閱讀沒有耐心，不在意體內的什麼讓它動，只要它的表現是超絕的——同時一個殘障者懷著對身體各部分很廣大的書本知識，卻相當無法以正常方式去以身體表現它。

你的身體知道如何走路。這知識是與生俱來而付諸實行的。身體知道如何療癒自己，如何運用滋養，如何更換細胞。然而以你們的話來說，身體本身無從得到心智所擁有的那種資料。既然它如此無知，又怎能表現得那麼好呢？

如果它有科學的傾向，身體會知道這種自發的表現是不可能的，因為科學不能解釋當下的生命本身的實相，更別說它的起源了。

身體內的意識知道它存在於身體的脈絡之內，同時又是與之分離的。在一天的平常生活中，意識常常休假。可以說——它做白日夢，或多少以與身體相離的方式體驗自己。晚上在睡眠中，自己的意識由物質實相離開得更久，更自由地休假，而它自發地這樣做，就如身體本身會走路一樣。這些經驗並非假設的，它們在每個人身上發生。對這種情形，每個人到某程度覺知一種理解，那並不是靠數據的累積，而是靠一種更深的體驗及與世界所從出的實相之直接遭遇。

這是一種身體擁有的無言的知識，帶來你身體的動作，並造成了身體反應的壯觀精確性。那麼，它是非常實際的。以你們的話來說，形成世界的同樣力量，現在形成你們的主觀實相，且是自然宇宙的一個源頭。懷著愛心探索那些實相，將帶你進入與存在之內在次元的直接接觸，並提供最重要的直覺了解。

宇宙的運動出現在你自己切身經驗的運動裡，而在那彷彿最迷濛的區域會找到答案。

口述結束。等我們一會兒……

（十一點十九分。在其他事上傳述了兩頁後，賽斯在十一點四十分結束此節。（再一次的，賽斯出乎意料地指出，前兩節應被認作《心靈的本質》之一部分——他讓我們的問題剛好引導到他正要去的地方！多年來我們也發現，我們的問題往往反映了任一時刻許多讀者的問題。）

第七九九節　一九七七年三月二十八日　星期一　晚上九點四十二分

（幾天前，珍在郵件裡收到一冊日誌與日曆的合訂本——相當精心的彩色設計。發行人在一九七六年也曾送她一本，其中引用了一段賽斯的話。在每個日期下有一頁寫小記和約會的橫格紙，然後相對的有一頁寫了新聞和各種引言。昨天我隨手翻來看看有沒有提及珍——沒有——我開始念其中的一些短項。我想此書的編輯在這本新成品裡改變了他的觀點，因為現在我碰到更多關於愚蠢的政府支出、腐敗等的小引。我大聲念了幾條給珍聽。它們似可笑亦復可悲。

（它們也剛巧切合我自己最近對人類行為的感覺和疑問，及賽斯的回答資料。

事實上，今晚賽斯在這題目上有更多要說的，因此縱使他並沒這樣說，珍和我都把這一節視為理所當然地歸於《心靈的本質》。）

現在：晚安。

（「賽斯晚安。」）

（帶著誇張的幽默：）對人性的一篇議論，為了你們的啟迪。

你們體認到，一隻老虎隨著牠的本性，並不邪惡。看自己的族類時，你往往比較沒那麼仁慈、沒那麼有同情心、沒那麼了解。判你們同類的罪是容易的。

也許你們難以了解，但人類是善意的。你了解老虎是活在某種環境，而按照其天性反應。人類也一樣。他的每件暴行，都是想要達到他認為是好的目的，而做的一個扭曲了的嘗試。他常未能達成那目標，或甚至不了解他的方法本身怎樣阻止他達成目的。

不過，他的確就像動物一樣地受祝福，他的失敗是缺乏了解的結果。他比其他動物更直接地面對一個遠較複雜的意識世界，特別是要處理象徵和概念，然後向外投入實相，它們在那兒將被試探。如果在你們的脈絡裡，它們可以精神性地被試探的話，那就不需要肉體的人類存在。

這兒牽扯到太多複雜的主題，因此我至多只能加以簡化。就像人在說：「現在這個主意如何？我們能拿它做什麼？如果能把它實質地丟到實相裡，會發生什麼事？任何一個偉大的社會、科學、宗教的概念，這些人類心智如此奇特的衍生物，到底可行到什麼程度？」

再次的，如果能在非實質的畫板上把這種問題全都抽象地解答了，那肉體存在的偉大挑戰將既不必要亦無意義。例如，國家主義能行到什麼程度？到什麼程度可以把世界當作外在於人類，當作一個物體來處理？藉由把身體當作是架機器，當它是海市蜃樓，當它是被盲目的本能所驅馳，或當它是擁有一個靈魂，人能學到什麼？

到某個程度，這些全是獨特而富創意的思考，只就動物性那一部分來看，都可以被認為是最奇怪、最具啟悟性的知性成就。動物離不開土地，人類亦然。就如動物必然得在太陽、土地、樹、雲、冰雹和風的物理脈絡內，進行遊戲、交配、獵食或吃野果。因而以一個不同方式，人類必須追求他的概念，藉著把它們穿上地球的基本實相，藉著把它們當作事件來看。

（十點一分。）當具破壞性時，人類並沒尋求破壞本身；卻在欲求達成某個他認為是「好的」特別目的時，忘了去檢查他的方法之好壞。

一個動物追逐並殺戮獵物，達到了維持自然平衡的更大目的，不論這動物是否覺知此點——再次，這動物的意圖並不是惡的。人類消化概念，而在如此做時，他對一種不同的平衡——通常不覺知的——有所貢獻。但沒有人真正抱著純粹要做錯事或為惡的意圖。暴風雨震動了夏季的天空，帶來雷霆和閃電。地震也許蹂躪了鄉間。你們深深地對所導致的大破壞感到遺憾，但心知暴風雨或地震都並非惡的。它們不僅沒有壞的意圖，而且全盤的情況糾正了地球的平衡。

（在這節珍的傳送常比平時更快而有力，帶有許多大聲的段落，我指出了其中幾個。我相信她可以用快得多的速度傳送資料，若我能趕得上記錄的話。）

這需要一些獨特的了解。我是知道那一點的——人類造作的破壞性風暴，卻終究不能說比地震更邪惡。雖然人的作為也許確實看來是破壞性的，你們必不得怪他們的企圖，也不可犯把人和他的作為相混淆的錯誤。因為許多善意的藝術家，懷著最好的企圖，有時卻產生次等的藝術品，正因最初善的意向，而更令他們覺得失望與可悲。

那時他們缺乏知識、技術和方法，就變得十分明顯了。由於你們對報紙上的世界和人類行為的負面報導貫注過深，因此對我向你們說的——每個男人和女人基本的善良意圖——就真的很容易忽略。

那意圖也許是混淆的、實施得很差的、糾纏於矛盾的信念裡，被戰爭和謀殺者的血手所扼殺——卻沒有男人或女人曾失掉它。那代表了人類的希望，它一直持續點燃著，像人類每個成員內在燦爛的靈明之光；而那種善的意圖是世代相傳的，那光明遠比任何也傳下來的仇恨或國家的怨恨要強而有力。

心靈若要有任何的平安，你必然得相信人類與生俱來存在著善的意圖。

它也為所有其他的動物共有。每個動物都知道在某種情況下，對方也許會打鬥或採攻擊姿態，或保衛其窩；每個動物都知道在飢餓時，也許會被別的動物獵食。不過除了那些情況，動物彼此不相畏懼；牠們知道彼此都懷著善的意圖。

（較大聲：）對你們的同類也給以同樣的信心。

（十點二十分。）現在：在你們心中分清楚一個人和他的作為，盡你們想要地辯駁反對他的作為，如你在報上讀到的，他的錯誤、愚昧、陰謀或戰爭。如果你喜歡，可收集許多這種資料——我不止是對你或魯柏說，而是對任何想找到真理的些微暗示、心靈平安或創造性的人說的。

收集有關人類失敗事蹟的書。我個人不明白為何有人會收集藝術家最壞的作品，而在把它們撕爛中得到快感。人也曾製造了一些精美作品：高層次的語言通訊、各種各樣的感情和文化交流、把概念和觀念外在化的熟練、想像力所及的範圍，所有這些及其他許多，在宇宙間是獨一無二的。

把人類與他最糟的作品認同，是故意對一個好藝術家吹毛求疵，然後再判他無救；這樣做也就是把你自己判定為無救。如果科學家說意識是偶然機緣的結果，或達爾文學說提及基本上人類是勝利的謀殺者之子，許多人會反對；但如果你說，人們是白癡，或他們不配行走在地球上，你也是在說同樣的事。因為你必須關心所知的這實相；以那種話來說，判人有罪，就是判你所知的人類——而也就是你們實際的世界有罪。

說人們可以逃到另一個可能性，實際上是一種逃避——這是與可能性的實相不相干的，因為我是從你們的情感觀點來說的。

現在：實質上，你的身體在時空裡有一種姿態。我將談主要與次要的經驗。讓我們把在你們時間的這片刻裡，直接以感官方式存在的經驗稱為主要經驗——身體與環境的接觸。在此，我造出某些分隔來使討論——或獨白（帶笑）——容易些。因此，我將稱那些透過如閱讀、電視、與他人討論、信件等而來的資料為次要經驗。

第二種經驗大半是象徵性的。這應當很清楚。在一個安靜的、陽光普照的下午談到戰爭，與在那戰爭裡並非一回事——不論他形容得如何栩栩如生。讀到能源短缺與坐在一個寒冷的屋子裡不一樣。當你鎮定地坐在客廳裡，讀經由核子毀滅或其他愚行所致的人類可能的毀滅，顯然與在文中所描寫的事實完全不同。

在我們所關注的層面，身體主要必須對當下的、即刻的、時空裡的主要存在反應。在其他層面，它有設備去處置許多其他種類資料，其中，我曾提過細胞的預感。但身體靠著有意識的心智，來給它對所占據的精確時空情況一個清楚的評估。

它依賴那種知識。

你要不要休息？

（「不必。」十點四十一分。）

如果你十分安全地窩在一間舒適的屋子裡，跟前沒有危險，你的感官應很正確地傳遞那資訊。你有意識的心智應了解它，很容易四處看看，而知道你沒有危險。

你有意識的心智是為著給你的身體一個估量，這估量可稱之為文化狀況。因為以你們的話來說，有些世事的成熟度和特點只有意識才能評估。如果，在以主要經驗來說是自然地安全狀況下，你被來自次要經驗——那就是說，由閱讀或不論什麼——的不安全信號嚇壞了，而表現出缺乏辨識力。你不能分辨身體上目前安全的狀況，與那想像中也許是不安全的情況，而導致了危險的警訊。

身體的機制嚴重地迷失了方向。給身體的信號是非常矛盾的，因此在一會兒之後，如果這種情形繼續下去，你就不再知道自己是在真的危險或想像的危險裡。於是你的心智強迫身體處於一種經常的警備中——但更不幸的是，你訓練自己去忽略當下這一刻你直接的、感官的回饋。

（珍，作為賽斯，極為強調地說出這些資料。）

於是你的身體也許會說你是安全的，而你的感官顯示沒有眼前的危險——但你卻已開始如此信靠你的次要經驗，以致不信任你生物性的反應。

可是，因為人類偉大的想像稟賦，那警報不止侵入一個安全的當下這一刻，而還繼續騷擾到下一刻及更下一刻，被無止境地投射到未來去。不論到何種程度，或以何種方式，每個人因而被剝奪了他個人目前有能力做有意義、有目的行動之信心。

身體今天不能做明天的事。它的感官資料必須清楚。這導致無行動能力的感覺，引起了不同程度的無望心情——而那種心情並不繫於特定的細節，而是瀰漫了感情生命，如果被容許的話。不論到何種程度，那判罪的、責難的資料太常變得自我預言性——因為那些相信它的人（大聲地）容許它蒙蔽了他們的反應。

以你們的話而言，當你活著，以最相關的切身感覺來說，你的實相必須在時間架構裡被感知，並在你的經驗中被創造。因此，我懇求你不要做出好像人在不久的將來會毀掉自己的樣子——不要做出好像人是個近乎白癡、注定要絕種、一個頭腦狂亂的半傻半瘋動物。

人們怕得要死的毀滅預言，全都不會在你們這時代成真；歷來所有苛刻的預言者及末日的預告者，也不會使人的創造性以那種方式毀滅自己。

（大聲地：）有些人以譴責別人或人類本身的錯誤或失敗為職責，就因那種態度，人類偉大的精力和善意一直隱而不顯。人類是在變為的過程裡，其作品有瑕疵——但它們是個在養成中的天才藝術家有瑕疵的實習作品；他可被感覺到的天才一直引領他向前邁進，而其失敗的確只有在這天才的相形之下，才顯得重要而醜怪可笑。

當你們在考慮所謂的未來時，建設性與毀滅性的成就同樣真實。以那種說法，人類每一年的存在，事實上使更樂觀而非悲觀的看法更為合理。你不能把人的善意放在實質脈絡之外，因為在那脈絡之外沒有你們所知的這種生物。你們不能說自然是善的，卻產生了人類，而他是其上的癌，因為自然會更講理些。你也不能說，**大自然**將毀掉人類，如果人類得罪了它，或大自然討厭自己的物種，卻只想要提倡**生命**——大寫的——因為**大自然**是在每個物種的每一份子內；若沒有每個物種的每一份子，**大自然**即將不存在。

（覺有趣地：）我讓你休息你那自然的手指頭。

（十一點九分。我寫字的手痠了——在課程裡發生過少數的幾次之一。珍的步調比通常快很多，而音量常比通常大聲很多。我認為這資料很精采。珍並不真想休息，事實上，她在幾分鐘內就準備再開始了。但我請她多等一會兒，讓我的手休息一下再說。於是，在十一點十四分以同樣方式繼續。）

你們是自然的生物，內在有一種自然的存在狀態。那種狀態可以是和平、活力和了解的一個永存庫藏。

不論你們的科學家怎麼想，你的身體、你的意識和你的宇宙，都經常不斷地躍入實現。因此，藉由清楚地體驗你自己的意識，並且活在當下這一刻，你就能汲取可用的較大活力與力量。

要做到這個，得依賴你切身的感官資料，而非所描述的次要經驗。那主要的感官資料，雖然正確地瞄準現在，提供你在時間內必要的姿態，卻仍能向你打開所有時間從中浮出的無時間性，帶給你直覺的暗示，指出宇宙永遠是當下的、正進入存在（coming-to-be）的真實本質。

那種經驗將讓你略見人類創造性的更廣大模式，以及你在其中的角色。你被教以貫注於社會裡的批評和錯誤；而在你們的時代，彷彿每件事都會演變成錯的——不去管它的話，世界將毀壞，宇宙將死亡，人類將毀滅自己。這些信念如此地滲透了你們的行為，它們組織了你們大半的經驗，奪去了自然本身隨處以直接的主要經驗提供給你的好處。

由於強調這個討論所定義的次要經驗之重要性，於是你們常常忽略在世界裡的感官實相——日常片刻中豐美的活力與安適。

最負面的投射或預言似乎是最實際的。當你在閱讀世界的疾病時，用不帶一絲幽默、完全誠實的態度說：「我怎能忽視眼前的現實——破壞性的現實？」可是，以最實際的、切身的、現世的說法，你們和世界在那片刻是自然地、實質地安全的，如你們的感官切身感知的。若你那樣想的話，以最基本的身體說法，你並不是在對當下的情況反應。

如果你真的以身體經驗你可能正閱讀到的情況，這點將會十分清楚。如果世界真的塌到你肩上，你將會十分明白地了解，「早先」你只在對一個想像而非真實的情形反應。

恐怕你們——指魯柏、你自己和別人——還不太能懂這些。雖然災禍——想像的或二手遭遇的——事實上可能後來會發生，但它們與親身遭遇的仍遠為不同。負面地沉湎於將來會發生什麼，你只加強了它們不幸的本質，而毀掉了你自己的姿態。你們在時間裡的姿態是極重要的，因為它是你們運作的實際基地。

在那方面來講，你們必須信任自己的感官資料。不然，你混淆了心理或肉體的姿態，因為身體不能同時處於安全和危險的情況下，它會把資源浪費在打想像的仗上。

（十一點四十分。）對有些人而言，戰爭、貧窮、謀殺、陰謀、腐敗，是主要的經驗，必須要應付的——需要即刻行動，身體必須反應。這種人被打傷或搶劫，那些是即刻的感官資料，他們的確以某種方式反應了。不論多麼微弱無力，他們的威力點（point of power）立刻與危險點對應。

你不能以同樣方式親身對投射或想像的危險反應。似乎沒有可能的反應，你因此感到困惑。你本該應付你切身的、主要的經驗，如此做時，你盡了責任，能在自己的經驗裡有所行動，因而影響別人。你不必對在世界另一角落的戰爭無所知，或閉上眼睛。但如果容許那些經驗給你與實相當下、有效的交會蒙上陰影，那麼你就是從一個不是自己的位置來說話和行動，而拒絕在自己當下的現實情況下，依你所能來助益這個世界。

你那感官自然的「生物—確實性」（creature-validity）必須保持清晰，只有那樣，才能充分利用那種直覺和靈視（vision），那是必得透過你自己與時空的私人交會而來的。

那樣說來，大自然永遠確實的完整性到處都環繞著你，它代表你的直接經驗。如果容許次要經驗取代你與實質地球日常的、時時刻刻的交會，你將會阻礙了大自然給予的安慰、創造力和靈感。

我知道你們有涉及地球生活的醒睡部分的問題。我今晚或下一節將回答這個問題，隨你們的便。

（「那我們就下次再說吧。」）

那麼我們將以那開始。今晚所有資料適用於一般人及你們自己，並且也是特別為魯柏而說的。

（在十一點四十七分停頓。）如果你不累，我將繼續。

（「好的。如果你想要，還可再談一會兒。」）

（現在賽斯給了珍一些個人資料，然後在十一點五十九分結束此節。珍還準備再多做些，甚至想利用我們的錄音機。我告訴她，我也還願意再做更多筆錄。但最後她決定不要再延長。）

第八〇〇節　一九七七年四月四日　星期一　晚上九點四十三分

（我們等課開始等了超過二十分鐘。好幾次珍說：「這耽擱好像很怪……」但賽斯繼續他關於我們人類行為的資料——即使當他同時也把《心靈的本質》做個結束時。）

口述。（停頓良久。）你形成你自己的實相。那實相對別人的經驗有貢獻，但你們每個人擁有一個在時空裡獨特的、創始性的姿態。以十分實際的說法，那是你獨有的，而不管時間的相對存在。

只有當你從自己的姿態運作時，才能盡你所能的幫助別人。去預期危險，或想像地擔起別人的難題，奪去了你本可用以幫助他們的那份精力。因此，我不是說把你的眼睛轉開，不去看世上的不幸情況。實際幫助在人類生活的所有領域都是需要的。但好得多的、最後更實際的，是集中注意力於文明的有利因素上，把你的思想組織於有成就的區域，要比在心中開列人類不足和缺失的單子要好得多。

這樣的做法會導致無助和無望感，在其中看來似乎不可能產生有效的行動。生命擁有一種豐饒富足，如果這被珍視、滋養、鼓勵，那麼就增生了精力，那不是為日常個人生活目的所需要的——一種超卓的豐富，可被有效地導入世上那些最需要助力的區域。

思想的力量、活力和效力很少被考慮。你也許會說，思想不能阻止一場戰爭，然而，你認為是什麼開始了這樣的戰爭？有史以來，被蹂躪者常常變得握有實力，利用暴力反叛他們的壓制者：卻沒從那經驗學到多少，他們轉而變成新的菁英、新的掌權者。他們的實質狀況可能完全改變了。現在政府的機構、財富成了他們的，看起來好像引起叛亂的情況已沒了。但是他們卻在報復中出擊，形成一個新的被蹂躪階級，而他們必會在輪到他們的時候起而報復。

不管所有的表象如何，一個外在性質的情況不會導致戰爭、貧窮、疾病，或世上任何明顯的不幸情況。你們的信念形成你們的實相；你們的思想發動了實際的經驗。當這些改變了，情況也就改變了。把你自己的精力、焦點和貫注加諸世界其他部分的可悲情況並無幫助，反而加強了這種情況。

以一種天真的方式對它們閉上眼，或說，不管它們的事，是同樣的短視。由於對它們的恐懼，假裝這種情形不存在，只會把你害怕的實相帶得更近。將你堅定地放在自己的實相之內，承認它為你自己的，鼓勵你的力量和創造性，從那種視角看看需要建設性幫助的世界那些地區，或你自己的社會，那要好得多。在你自己的生活中，在你與他人的日常對話裡，在你透過團體或社團的人際關係裡，有意地盡你所能加強別人的力量和能力。

那種加強將增加那些人接觸到所有其他人的個人力量。找到當為不幸的情形負責的那種信念。如果這本書裡的概念被透澈地了解，那麼每個人將能實際地評估他自己的實相，將不再需要預先武裝一個國家來對抗另一國預期的——卻是想像的——攻擊。

（十點十分。）個人的怨恨將不會累積。那種怨恨使人這麼害怕進一步的傷害，以致企圖逃避生活或人際關係，或怯於和他人接觸。去數你的失敗並不是一種美德。自覺意識濃厚的正義感可能是條非常狹窄的路。如果每個人都了解與感知你自己個人淳美的完整性，正如你試著去感知所有其他自然生物的美，那麼你會容許自己的創造性處於更重要的地位。大自然的所有元素裡都有規律，而你們是其中的一部分。

季節之更大的掠掃範圍代表了你們靈魂所及的範圍。把你的眼睛轉開不看大自然，或試著把自己脫離它的糾纏，並不會獲致靈性（spirituality）；企圖否定現有的人生，你也不會「瞥見永恆的生命」，因為那人生是你自己獨特的途徑，提供它自己的線索讓你跟隨。

「一切萬有」因欲望而悸動（viberate）。（更大聲：）否認欲望只會使你無精打采。那些否認欲望的人即那些最被欲望擊倒的人。你們每個人的人生既是縮影，卻又是龐然的插曲，同時既會死亡又是永恆的，提供你有意識形成的經驗，打開了任何別人得不到的實相次元，因為沒有人能從你的視點去看存在。除了你，沒有人能是你。在其他層面是有溝通，但你對存在的經驗卻完全是創始性的、該當被珍視的。

沒有人能從任何心理的門檻——不論它多廣大——寫本書來給心靈下定義，而只能拿出暗示、線索、文字和象徵符號。在此書中的文字和概念，全都代表了其他內在的實相——那就是說，它們像是鋼琴鍵打擊著其他琴弦；而我希望那些琴弦將在每個讀者心中被撥動。

你們每個人現在都偃臥於自然世界裡，而那個世界是偃臥於自然從中露出的實相裡。心靈的根是安全的，像一株樹一樣從存在的土地中滋養心靈。心靈力量的源頭在每個個人之內，在個人存在的隱形材料之內。

（停頓良久。）自然的表現是豐富奢華的。然而，自然從中湧現出的更大實相甚至更為豐富，而在那多次元經驗之內，沒有一個人被忽視、遺忘、遺散、失落或遺棄。一棵樹不必向土地或太陽要求滋養，因而你所需的每樣東西也可在你的實際經驗中得到。如果你相信不配得到滋養，如果你相信生命本身是危險的，那麼自己的信念會使得你不可能去充分運用可得的幫助。大半而言，既然你仍活著，當然是被滋養的。你不能那麼輕易地關閉自己存在的活力。而在沮喪較深的發作上所「浪擲」的活力，常比創造性地追求時所用的精力為多。你們是「一切萬有」的一部分，因此宇宙傾向於你們的方向。它給予，它響徹著活力。那麼，就棄絕那些相反的信念吧！在你自己——你們每個人——之內找尋那種所有洋溢的愉快之情，縱使它們只是偶然發生；並且鼓勵引起它們發生的那些事或思想。

你不能找到你的心靈——如果你把它想作一個個別的東西，像是在永恆櫥子裡的精美珠寶。你只能藉著探索自己所有的主觀實相，而體驗心靈的力量與活力，因為它將無誤地引導你，到那超越了時間與空間兩者存在的更大源頭。

此節結束。本書結束。（停頓。）我們的下一本將是本好書。

（「會嗎？」我試著慫恿賽斯。在本節開始沒多久，我就悟到他在將《心靈的本質》帶到尾聲。甚至珍的聲音，在替他說話時，多少也有一個總結的徵兆。）

的確會的。

（十點四十分。）現在，簡短地：人類全盤的姿態大半由你們近來提及的醒—睡模式所維持。在這樣一種方式裡，人類的一部分貫注於物質實相，同時另一大部分於內在實相裡占了一個安全的立足點——

（我們的貓，威立第二或稱比利——一直在我身邊的沙發上睡著，現在醒了。牠伸伸懶腰，跳下來，然後在珍為賽斯說話時跳進她懷裡。比利面對她坐著。我放下筆記本，把牠抱起來，賽斯在我把貓抱去地窖門口時說話了。）

牠是個甜蜜的東西。

（「是的。」我再坐下之後，賽斯立即說完被比利打斷之前所說的句子。）

——而努力於將形成次日實相的內在模式，並提供未來事件一個可能的預演。因此在世界之心（mind）——而非世界之腦——裡，醒時與睡時的實相獲得平衡。

不過，人類睡眠的那部分，代表在身體中頭腦的無意識活動——尤其是當你想到在任一日裡人類整體行動的活動。那些有意識活動有個無意識基礎。如果你想到一個群體的世界之腦（a mass world brain）——一個存有——那它必須有個醒與睡的模式。如果你想像群體的每日行動為一巨人所為，那麼所有那些有意識行動都有無意識副本，而內在神經系統的偉大溝通必須發生。

這樣一個頭腦的一部分必須永遠清醒，而一部分從事於無意識活動。這即所發生的事。

由於世界各不同部分的文化知識被給予了整個有機體正在睡的那部分，不同文化就因而得以溝通。當它們睡時，清醒的國家則將一日事件加進了世界的記憶，而做出了未來的可能性。

關於這點，我將給你們更多。當我太早結束此節時，我忘了它。今晚魯柏的遲疑，是因為結束我們的書而起的錯放了的懷戀。你倆的確正開始生命中新的、更多產的、令人驚喜而相當特殊的一段日子。現在我向你們道晚安。

（「賽斯，非常謝謝你，晚安。」）

（由賽斯對群體世界心——腦的評論，正可以看出，他完全準備好要熱心地開始一些新資料。雖然他提到一本新書，珍和我根本沒想到他將在幾週之內開始——而那正是所發生的事。

（一九七七年秋《未知的實相》卷一出版了——而到那時賽斯早已在進行他最近的《個人與群體事件的本質》；雖然《心靈的本質》這本書還沒打好字，而我仍在繼續寫《未知的實相》卷二的註。

（珍關於威廉・詹姆士的寫作也發展成了一本書：《一個美國哲學家的死後日誌》。因此在賽斯為這現下的稿本口述時，珍靠自己製作了塞尚與詹姆士的書。那麼，這註中所提及的所有創造力誠然證明了其價值——對心靈富足和能力的證據。當然，珍以自己的方式展示了那些屬性，其同等的屬性卻是每個人與生俱有、等著被利用的。）

愛的贊助

本書的順利出版，要感謝下列人士熱心贊助，新時代賽斯教育基金會在此獻上誠摯的祝福：

- 歐家蓮（五千元）
- 賽斯妹（一萬元）
- 簡月桂（一萬元）
- 林雪月（三千元）
- 邱琪惠（五千元）
- 曾嫤嫣（一萬元）
- 高靜美（五百元）
- 余國連（一千元）
- 彭睿美（二千元）
- 劉素卿（一萬元）
- 蔡金花（五百元）
- 林春燕（一千元）
- 曹天福（一千元）
- 朱瓊英（二千二百元）
- 陳美惠（五千元）
- 林俊宜（五百元）
- 呂依蓁（一千元）
- 李淑娥（二千元）
- 陳淑娟（五千元）
- 施繹靚（五千元）
- 王錦銓（一千元）
- 鍾元嬌（二千元）
- 施慶和（一千元）
- 李素芬（五千元）
- 陳錦年（五百元）
- 陳麗貞（一萬元）
- 笪豪君（一千元）
- 廖全保（一萬元）
- 陳含美（一千元）
- 陳琦媛（一萬元）
- 陳志成（五萬元）
- 吳家騏（五千元）
- 施莉莉（一千元）
- 蔡慧芬（五百元）
- 林育蔚（三百元）
- 鄭金蘭（一千元）
- 李來興（五百元）
- 周子卿（五百元）
- 黃騰毅（九千元）
- 李碧珠（五千元）

愛的推廣辦法

看完這本書，是否激盪出您內心世界的漣漪？

如果您喜歡我們的出版品，願意贊助給更多朋友們閱讀，下列方式建議給您：

1. 訂購出版品：如果您願意訂購一千本（印刷的最低印量）以上，我們將很樂意以商品「愛的推廣價」（原售價之65折）回饋給您。

2. 贊助行銷推廣費用：如果您認同賽斯文化的理念，願意贊助行銷推廣費用支持我們經營事業，金額達萬元以上者，我們將在下一本新書另闢專頁，標上您的大名以示感謝（每達一萬元以一名稱為限）。

請連絡賽斯文化或財團法人新時代賽斯教育基金會各地分處，我們將盡快為您處理。

●愛的連絡處

如果您認同本書的觀念及內容，想要接受我們的協助；如果您十分認同本書的理念，想依循本書的觀念成為一位助人者的角色；如果您樂見本書理念的推廣，而願意提供精神及實質的協助；請與財團法人新時代賽斯教育基金會各地分處連繫：

●台中總會　陳嘉珍　電話：04-22364612
E-mail: natseth337@gmail.com
台中市北區崇德路一段六三一號A棟十樓之一

●董事長新店服務處　馬心怡　電話：02-22197211　傳真：02-22197211
E-mail: sethxindian@gmail.com
新北市新店區中央五街五一號

●台北辦事處　林娉如　電話：02-25420855
E-mail: seth.banciao@gmail.com
台北市中山區長安東路二段四十九號六樓

●三鶯辦事處　陳志成　電話：02-26791780, 0988105054
E-mail: sanyin80@gmail.com
新北市鶯歌區文化路二一四號

●嘉義辦事處　趙烱霖　電話：05-2754886
E-mail: new1118@gmail.com
嘉義市民權路九〇號二樓

●台南辦事處　關倩芝　電話：06-2134563
E-mail: sethfamilyl@hotmail.com
台南市中西區開山路二四五號十樓

●高雄辦事處　嚴照恩　電話：07-5509312　傳真：07-5509313
E-mail: ksethnewage@gmail.com
高雄市左營區明華一路二二一號四樓

●屏東辦事處　羅那　電話：08-7212028　傳真：08-7214703
E-mail: sethpintong@gmail.com
屏東市廣東路一二〇巷二號

●賽斯村　陳紫涵　電話：03-8764797　傳真：03-8764317
E-mail: sethvillage@gmail.com
花蓮縣鳳林鎮鳳凰路三〇〇號

●賽斯TV　林憶葭　電話：02-28559060
E-mail: sethwebtv@gmail.com
新北市三重區三德街二九號

●香港聯絡處　董潔珊　電話：009-852-2398-9810
E-mail: seth_sda@yahoo.com.hk
香港九龍旺角花園街一二一號利興大樓5字樓D室

●深圳市麥田心靈文化產業有限公司　許添盛微信訂閱號：SETH-CN　微信：chinaseth　電話：86-15712153855

●美國科羅拉多丹佛讀書會　謝麗玉　電話：303-625-9102　E-mail: lihyuh47@gmail.com

●美國紐約讀書會　Peggy Wu　電話：718-878-5185　E-mail: healingseeds@yahoo.com

●美國華盛頓讀書會　許翠蘭　電話：301-540-5285　E-mail: lanhsu@gmail.com

●加拿大多倫多讀書會　Petrus Tung　電話：416-938-3433　E-mail: babygod65@gmail.com

●加拿大溫哥華讀書會　Andy Loh　E-mail: adcnr.info@gmail.com

●台灣身心靈全人健康醫學學會　林娉如　電話：02-22193379　傳真：02-22197106
E-mail: tshm2075@gmail.com
新北市新店區中央七街二六號四樓

賽斯文化 特約點

台北	佛化人生	台北市羅斯福路3段325號6樓之4	02-23632489
	政大書城台大店	台北市羅斯福路三段301號B1	02-33653118
	水準書局	台北市浦城街1號	02-23645726
中壢	墊腳石中壢店	桃園縣中壢市中正路89號	03-4228851
台中	唯讀書局	台中市北區館前路5號	04-23282380
斗六	新世紀書局	雲林縣斗六市慶生路91號	05-5326207
嘉義	鴻圖書店	嘉義市中山路370號	05-2232080
台南	金典書局	台南市前鋒路143號	06-2742711 ext13
高雄	明儀圖書	高雄市三民區明福街2號	07-3435387
	鳳山大書城	高雄縣鳳山市中山路138號B1	07-7432143
	青年書局	高雄市青年一路141號	07-3324910

依爾達 特約點

台北	賽斯花園5號出口	台北捷運南港展覽館站五號出口	02-26515521
桃園	大湳鴻安藥局	桃園縣八德市介壽路二段368號	03-3669908
	新時代賽斯中壢中心	桃園縣平鎮市中正三路186號	03-4365026
	彭春櫻讀書會	桃園縣楊梅市金山街131號7樓	0919-191494
新竹	新竹曼君的店	新竹市東南街96巷46號	035-255003
	玩家家	新竹縣竹北市隘口一街157號1樓	0937-696141
	光之翼賽斯竹東中心	新竹縣竹東鎮大林路155號	03-5102851
台中	賽斯興大讀書會	台中市永南街81號	0932-966251
	心能源社區讀書會	台中市北屯區九龍街85號	0911-662345
	賽斯沙鹿花園	台中市沙鹿區向上路六段762號	04-26522209
彰化	欣蓮欣香香鍋	彰化大村鄉福興村學府路32號	0912-541881
南投	馬冠中診所	南投市復興路84號	049-2202833
台南	賽斯生活花園	台南市安南區慈安路205號	06-2560226
高雄	天然園	高雄市林園區林園北路264號	07-6450406
	大崗山推廣中心	高雄市阿蓮區崗山村1號	07-6331187
	新時代賽斯鼓山推廣中心	高雄市鼓山區裕興路145號	07-5526464
台東	新時代賽斯台東中心	台東市廣東路252號	0933-626529
美國	北加州賽斯人	sethbayareagroup@gmail.com	
馬來西亞	賽斯學苑	sethlgm@gmail.com	009-60122507384
	心灵伴侣	soulmates.my@gmail.com	009-60175570800
	賽斯舞台	mayahoe@live.com.my	009-60137708111
	檳城賽斯推廣中心	SethPenang@gmail.com	009-60194722938
新加坡	LALOLN	elysia.teo@laloln.com	009-6591478972
大陸	廈門發現白光賽斯生活館	1350265717@qq.com	0592-5161739
	江蘇無錫讀書會	wangxywx@126.com	13952475572

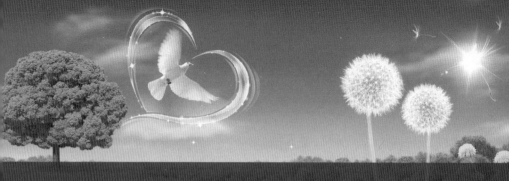

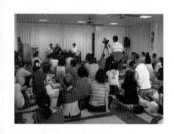

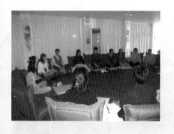

心靈的殿堂 賽斯學院
需要您慷慨解囊 一起播下愛的種子

賽斯鼓勵每一個人都應該去建立內在的「心靈城市」...

賽斯村就是賽斯家族內在的「心靈城市」，就是心中的桃花源，就是我們心靈的故鄉。

在這裡沒有批判，沒有競爭，沒有比較，充滿智慧，每個生病的人來到這裡就能得以療癒，每個失去快樂的人來到這裡就能重獲喜悅，每個生命困頓的人來到這裡就能找到內在的力量，重新創造健康、富足、喜悅、平安的生命品質。

「賽斯村-賽斯學院」由蔡百祐先生捐贈，從心中藍圖到落實為一磚一瓦的具體建築，民國103年第一期工程「魯柏館」及「約瑟館」終於竣工；在這段篳路藍縷的興建過程中，非常感謝長久以來各方的贊助與支持，「賽斯學院的建設計畫」才能順利進行。

第二期工程「賽斯大講堂」即將動工，預估工程款約三仟萬，期盼您的持續贊助與支持~~竭誠感謝您的捐款，將能幫助更多身心困頓的人找回生命的力量！

服務項目

◎住宿 ◎露營 ◎簡餐 ◎下午茶 ◎身心靈整體健康觀講座 ◎身心靈成長工作坊
◎賽斯資料課程及讀書會 ◎個別心靈對話 ◎全球視訊課程連線
◎企業團體教育訓練 ◎社會服務

捐款方式

一、匯款帳號：006-03-500435-0　　銀行：國泰世華銀行 台中分行
　　戶名：財團法人新時代賽斯教育基金會

二、凡捐款三仟元以上，即贈送「賽斯家族會員卡」一張，以茲感謝。
（持賽斯家族卡至賽斯村住宿及在基金會各分處購買書籍書、CD皆享有優惠）

地址：花蓮縣鳳林鎮鳳凰路300號　　電話：(03)8764-797
http：//www.sethvillage.org.tw　　Mail：sethvillage@gmail.com

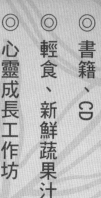

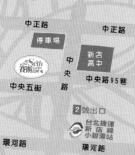

Seth 遇見賽斯 改變一生

心靈魔法學校 -賽斯教育中心啟建計劃

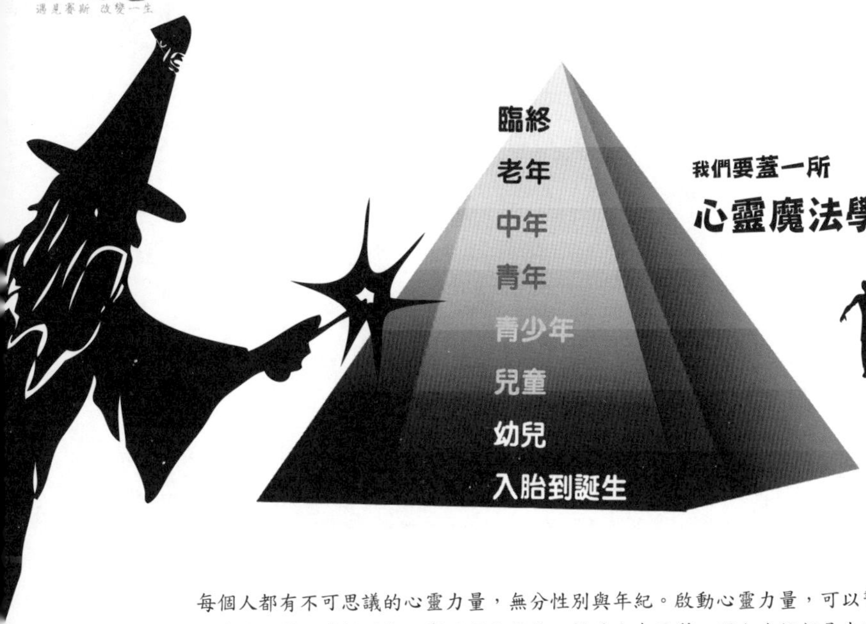

我們要蓋一所

心靈魔法學校囉！

每個人都有不可思議的心靈力量，無分性別與年紀。啟動心靈力量，可以幫助人們自幼及長，發揮潛能，實現個人價值，提升生命品質，明白我們都是來地球出差、旅遊、學習、考察兼玩耍的實習神明！

理想

賽斯心靈魔法學校，是基金會實踐心靈教育的具體呈現，整合十幾年來推廣賽斯心法的經驗，精心設計一套完整的人生學習計畫，從入胎、誕生至臨終，象徵人類意識提升的過程。讓賽斯引領每一個人回到心靈的故鄉。

現址

只要每個人一點點的心力，就能共同創造培育『心靈』與『物質』同時豐盛的魔法學校。

第一期建設經費預估四千萬，懇請支持贊助。

賽斯教育中心預定地，設置在台中潭子區，佔地167坪

弘文中學旁邊(中山路三段275巷)

共同創造

賽斯教育中心啟建計畫　贊助專戶

戶名：財團法人新時代賽斯教育基金會

銀行：國泰世華銀行-台中分行(013)

帳號：006-03-500490-2

心情。筆記

Note

心情。筆記

Note

心情。
Note 筆記

國家圖書館出版品預行編目資料

心靈的本質／Jane Roberts著；王季慶譯. --初版. --
臺北縣新店市：賽斯文化, 2010. 08.
面；　　公分. --（賽斯書；7）
譯自：The Nature of the Psyche

ISBN 978-986-6436-24-6（平裝）

1. 心靈學　2. 自我實現

每天的生活，都是靈魂的精心創造

You create your own reality.